实用公文
写作与经典范例

《实用公文写作与经典范例》编写组 编

化学工业出版社

·北京·

内容简介

《实用公文写作与经典范例》一书，主要包括公文的基本认知、公文的格式规范、公文写作概述、通用公文的写作、常用公文的写作五章内容，同时，书中提供了大量的范本，供读者参考学习。

本书按照新的《党政机关公文处理工作条例》，对公文的定义、作用、公文种类、公文格式、行文规则等进行了全面、系统的讲述，深入浅出地解析了各种常用公文的主要特点、基本结构、写作技巧、常见错误及注意事项，列举了大量典型案例，逐篇分析写作规律、精要诀窍，同时总结了各种文种的写作模板，以期帮助读者了解公文写作的内涵，全面掌握公文写作的方法和模式，快速提高撰写公文的能力。本书结合新时代背景，阐述了文书的特点、分类、结构以及写作要求，并提供了大量与时代经济发展紧密相连的文案范本。

本书进行模块化设置，以图解的方式解说公文写作的方法与技巧，内容实用性强，着重突出可操作性。本书可供公文写作的入门读者和进阶读者阅读，也可作为党政机关、企事业单位行政人员和写作爱好者的手边工具书，还可作为相关培训机构的教材使用。

图书在版编目（CIP）数据

实用公文写作与经典范例/《实用公文写作与经典范例》编写组编. —北京：化学工业出版社，2022.1 （2022.11重印）
ISBN 978-7-122-40304-9

Ⅰ.①实… Ⅱ.①实… Ⅲ.①公文－写作 Ⅳ.①C931.46

中国版本图书馆CIP数据核字（2021）第233519号

责任编辑：陈　蕾　　　　　装帧设计：溢思视觉设计 E-mail: isstudio@126.com／程超
责任校对：李雨晴

出版发行：化学工业出版社
　　　　　（北京市东城区青年湖南街13号　邮政编码100011）
印　　装：三河市延风印装有限公司
710mm×1000mm　1/16　印张15¼　字数273千字
2022年11月北京第1版第2次印刷

购书咨询：010-64518888
售后服务：010-64518899
网　　址：http://www.cip.com.cn
凡购买本书，如有缺损质量问题，本社销售中心负责调换。

定　　价：68.00元

公文主要指党政机关在实施领导和行政管理过程中形成的具有特定效力和规范体式的文书，也泛指各级各类机关、社会团体、企事业单位制定、使用的公务文书，是管理机关实施领导、履行工作职能、解决现实问题的重要工具。公文在社会生活中发挥着不可替代的重要作用。

公文写作，首先要熟悉公文格式。公文格式即公文规格样式，是指公文中各个组成部分的构成方式，它和文种是公文外在形式的两个重要方面，直接关系到公文效用的发挥。公文的形成，包括公文组成、公文用纸和装订要求等。

公文写作有专门的公文处理办法。国家行政机关公文处理办法是为使国家行政机关的公文处理工作规范化、制度化、科学化而制定的。

中共中央办公厅、国务院办公厅以中办发〔2012〕14号印发《党政机关公文处理工作条例》，该《条例》分总则、公文种类、公文格式、行文规则、公文拟制、公文办理、公文管理、附则8章42条，自2012年7月1日起施行。

国家质量监督检验检疫总局、国家标准化管理委员会2012年6月29日发布了《党政机关公文格式》（GB/T 9704—2012，2012年7月1日实施），对党政机关公文通用纸张、排版和印制装订要求、公文格式各要素编排规则等做了规定，适用于各级党政机关制发的公文。

本书按照最新的《党政机关公文处理工作条例》，对公文的定义、作用、公文种类、公文格式、行文规则等进行了全面、系统的讲述，深入浅出地解析了各种常用公文的主要特点、基本结构、写作技巧、常见错误及注意事项，列举了大量典型案例，逐篇分析写作规律、精要诀窍，同时总结了各种文种的写作模板，以期帮助读者了解公文写作的内涵，全面掌握公文写作的方法和模式，快速提高撰写公文的能力。

作为一名文书写作者，要写好文书，必须保证其符合法律法规和国家的方针政策，尤其是要符合习近平新时代中国特色社会主义思想。因此，本书结合新时代背景，阐述了文书的特点、分类、结构以及写作要求，并提供了大量的符合习近平新时代中国特色社会主义思想的、与时代经济发展紧密相连的文案范本。

基于此，为了让更多的人士掌握公文写作的要求、格式和避免出现错误，我们编写了《实用公文写作与经典范例》一书，主要包括公文的基本认知、公文的格式规范、公文写作概述、通用公文的写作、常用公文的写作五章内容，同时，书中提供了大量的范本，供读者参考学习。

由于笔者水平有限，书中难免出现疏漏之处，敬请读者批评指正。

编写组

第1章 公文的基本认知 ⋯⋯⋯⋯⋯⋯⋯⋯ 1

第2章 公文的格式规范 ⋯⋯⋯⋯⋯⋯⋯⋯ 11

第3章　公文写作概述 ·································· 31

第4章　通用公文的写作 ·· 53

第5章 常用公文的写作 ·························· 147

第1章

公文的基本认知

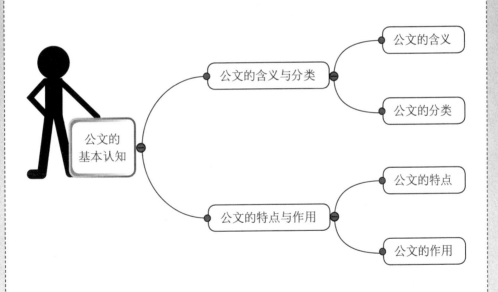

1.1　公文的含义与分类

1.1.1　公文的含义

公文是指党政机关、社会团体、企事业单位等各种特定的社会组织在公务活动中行使职权和实施管理时所形成的具有特定效力与规范格式的文字材料，是传达政令，指导、布置和商洽工作，请示和答复问题，报告和交流情况，联系公务、记载工作活动的重要工具，如图1-1所示。

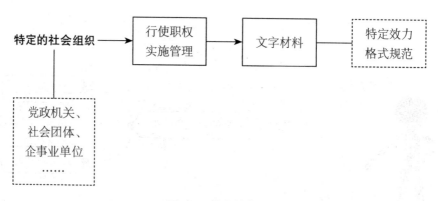

图1-1　公文的含义

公文的这一含义，可以从图1-2所示的4个方面来理解。

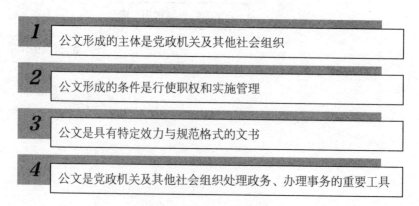

图1-2　对公文含义的理解

1.1.1.1 公文形成的主体是党政机关及其他社会组织

这些机关或组织都是依据国家的法律和有关的章程、条例建立起来的，是具有法定地位的。这种法定的地位赋予了这些机关与组织在自己的职权范围内制定和办理公文的权力。

1.1.1.2 公文形成的条件是行使职权和实施管理

具有法定地位的机关、组织，都有自己的组织系统、领导关系和职权范围，有自己主管的事务与办事意图，它们在行使法定职权和实施有效管理的公务活动中，必然会产生体现自身意志的文字材料，这是公文形成的必要条件。

1.1.1.3 公文是具有法定效力与规范格式的文书

这是公文区别于其他文章和图书资料的主要特点。公文的特定效力是由公文形成者的法定地位所决定的。公文的规范化格式，不仅增强了公文的权威性与有效性，也方便了公文的处理。

1.1.1.4 公文是党政机关及其他社会组织处理政务、办理事务的重要工具

任何一个机关、组织在日常的工作活动中都需要通过公文这一工具来表达意图、处理公务、实施管理。

比如，向上级汇报工作，则使用"报告"；向下级布置工作，则使用"通知"；向有关单位联系公务，则使用"函"；记载会议议决事项，则使用"会议纪要"等。

1.1.2 公文的分类

从不同的角度，按不同的标准，公文可划分出不同的类别。

1.1.2.1 按形成和作用的公务活动领域划分

根据形成和作用的公务活动领域的不同，公文可分为如图1-3所示的类别。

1.1.2.2 按行文关系划分

根据行文关系不同，公文可分为如图1-4所示的类别。

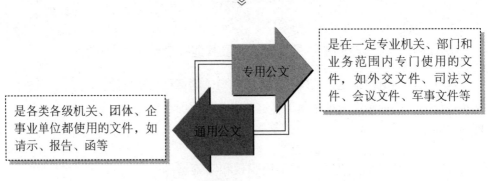

图 1-3　按形成和作用的公务活动领域划分公文

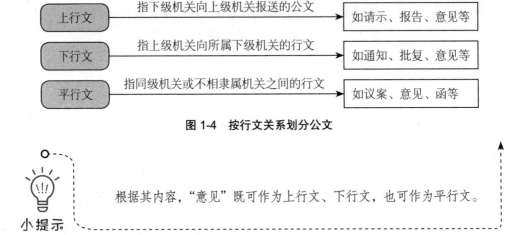

图 1-4　按行文关系划分公文

根据其内容，"意见"既可作为上行文、下行文，也可作为平行文。

小提示

1.1.2.3　按涉密程度划分

根据涉及秘密的程度不同，公文可分为以下4种类别。

（1）保密公文。保密公文是指由党和国家根据文件内容划定了秘密等级的文件。目前我国的保密文件分为绝密、机密、秘密三个级别，如图1-5所示。

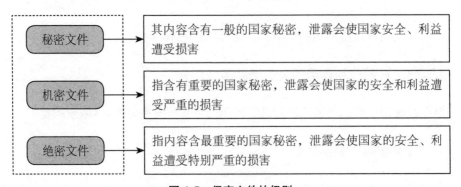

图 1-5　保密文件的级别

小提示

公文密级的划分和保密时限的确定应按照《保密法》的有关规定，力求准确、恰当，而不能随心所欲，想定什么就定什么。

（2）内部公文。内部公文是指限于机关、团体、企事业单位或专业系统范围内使用的文书，其内容虽不涉及国家秘密，但含有单位和系统内部的情况、数据等，不宜向社会公开。

（3）限国内公开的公文。限国内公开的公文是指内容虽不涉密，但不宜向国外公布，而仅在国内公布的文书。一些通过各级组织向群众传达的文件即属于此类。

（4）对外公开的公文。对外公开的公文是指内容不涉及机密，可直接对国内外发布的文书。通过报刊发布的法律、法规、公告和公报等，即属于此类。

1.1.2.4 按处理时限划分

根据对处理时间方面的限制和要求不同，公文可分为如图1-6所示的类别。

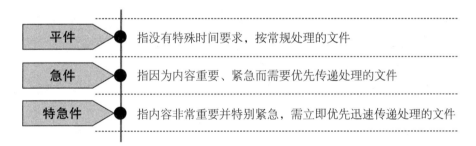

平件	指没有特殊时间要求，按常规处理的文件
急件	指因为内容重要、紧急而需要优先传递处理的文件
特急件	指内容非常重要并特别紧急，需立即优先迅速传递处理的文件

图1-6 按处理时限划分公文

1.1.2.5 按来源划分

根据来源不同，公文可分为如图1-7所示的类别。

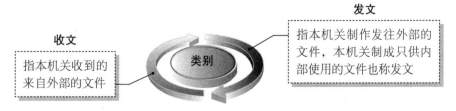

发文
指本机关制作发往外部的文件，本机关制成只供内部使用的文件也称发文

收文
指本机关收到的来自外部的文件

类别

图1-7 按来源划分公文

从广义上讲，除上述常用公文种类外，公文还应包括法律性、规章性、政策性公文的条例、规定、细则、办法，事务性公文的计划、总结、简报、调查报告、述职报告、会议记录、大事记、电话记录等公文种类。需要注意的是，这些公文如要行文，通常要用法定公文文种予以公布、印发、转发。如法规性、规章性公文，要由权力机关用公告文种公布或发布，或由行政机关用令的形式公布。

相关链接

《中华人民共和国保守国家秘密法》(节选)

第二章　国家秘密的范围和密级

第九条　下列涉及国家安全和利益的事项，泄露后可能损害国家在政治、经济、国防、外交等领域的安全和利益的，应当确定为国家秘密：

（一）国家事务重大决策中的秘密事项；

（二）国防建设和武装力量活动中的秘密事项；

（三）外交和外事活动中的秘密事项以及对外承担保密义务的秘密事项；

（四）国民经济和社会发展中的秘密事项；

（五）科学技术中的秘密事项；

（六）维护国家安全活动和追查刑事犯罪中的秘密事项；

（七）经国家保密行政管理部门确定的其他秘密事项。

政党的秘密事项中符合前款规定的，属于国家秘密。

第十条　国家秘密的密级分为绝密、机密、秘密三级。

绝密级国家秘密是最重要的国家秘密，泄露会使国家安全和利益遭受特别严重的损害；机密级国家秘密是重要的国家秘密，泄露会使国家安全和利益遭受严重的损害；秘密级国家秘密是一般的国家秘密，泄露会使国家安全和利益遭受损害。

第十一条　国家秘密及其密级的具体范围，由国家保密行政管理部门分别会同外交、公安、国家安全和其他中央有关机关规定。

军事方面的国家秘密及其密级的具体范围，由中央军事委员会规定。

国家秘密及其密级的具体范围的规定，应当在有关范围内公布，并根据情况变化及时调整。

第十二条　机关、单位负责人及其指定的人员为定密责任人，负责本机关、本单位的国家秘密确定、变更和解除工作。

机关、单位确定、变更和解除本机关、本单位的国家秘密，应当由承办人提出具体意见，经定密责任人审核批准。

第十三条 确定国家秘密的密级，应当遵守定密权限。

中央国家机关、省级机关及其授权的机关、单位可以确定绝密级、机密级和秘密级国家秘密；设区的市、自治州一级的机关及其授权的机关、单位可以确定机密级和秘密级国家秘密。具体的定密权限、授权范围由国家保密行政管理部门规定。

机关、单位执行上级确定的国家秘密事项，需要定密的，根据所执行的国家秘密事项的密级确定。下级机关、单位认为本机关、本单位产生的有关定密事项属于上级机关、单位的定密权限，应当先行采取保密措施，并立即报请上级机关、单位确定；没有上级机关、单位的，应当立即提请有相应定密权限的业务主管部门或者保密行政管理部门确定。

公安、国家安全机关在其工作范围内按照规定的权限确定国家秘密的密级。

第十四条 机关、单位对所产生的国家秘密事项，应当按照国家秘密及其密级的具体范围的规定确定密级，同时确定保密期限和知悉范围。

第十五条 国家秘密的保密期限，应当根据事项的性质和特点，按照维护国家安全和利益的需要，限定在必要的期限内；不能确定期限的，应当确定解密的条件。

国家秘密的保密期限，除另有规定外，绝密级不超过三十年，机密级不超过二十年，秘密级不超过十年。

机关、单位应当根据工作需要，确定具体的保密期限、解密时间或者解密条件。

机关、单位对在决定和处理有关事项工作过程中确定需要保密的事项，根据工作需要决定公开的，正式公布时即视为解密。

第十六条 国家秘密的知悉范围，应当根据工作需要限定在最小范围。

国家秘密的知悉范围能够限定到具体人员的，限定到具体人员；不能限定到具体人员的，限定到机关、单位，由机关、单位限定到具体人员。

国家秘密的知悉范围以外的人员，因工作需要知悉国家秘密的，应当经过机关、单位负责人批准。

第十七条 机关、单位对承载国家秘密的纸介质、光介质、电磁介质等载体（以下简称国家秘密载体）以及属于国家秘密的设备、产品，应当做出国家秘密标志。

不属于国家秘密的，不应当做出国家秘密标志。

第十八条　国家秘密的密级、保密期限和知悉范围，应当根据情况变化及时变更。国家秘密的密级、保密期限和知悉范围的变更，由原定密机关、单位决定，也可以由其上级机关决定。

国家秘密的密级、保密期限和知悉范围变更的，应当及时书面通知知悉范围内的机关、单位或者人员。

第十九条　国家秘密的保密期限已满的，自行解密。

机关、单位应当定期审核所确定的国家秘密。对在保密期限内因保密事项范围调整不再作为国家秘密事项，或者公开后不会损害国家安全和利益，不需要继续保密的，应当及时解密；对需要延长保密期限的，应当在原保密期限届满前重新确定保密期限。提前解密或者延长保密期限的，由原定密机关、单位决定，也可以由其上级机关决定。

第二十条　机关、单位对是否属于国家秘密或者属于何种密级不明确或者有争议的，由国家保密行政管理部门或者省、自治区、直辖市保密行政管理部门确定。

1.2　公文的特点与作用

1.2.1　公文的特点

公文具有如图1-8所示的3个特点。

1.2.1.1　权威性

首先，公文由法定的作者制成和发布；其次，无论是事实、数字还是各种

图1-8　公文的特点

意见、结论，一旦进入正式公文，就不能任意更改、解释、否定；第三，公文是机关、团体、组织的喉舌、意图，是其开展工作的依据。

1.2.1.2 规范性

公文的撰写和处理，从起草到成文，到收发、传递、分办、立卷、归档、销毁等，都有一套规范化的制度。另外，公文具有特定的体式，其文体、结构、用纸的尺寸、文件标记都有统一的规定。

1.2.1.3 工具性

公文是各机关、团体、组织在公务管理过程中最经常、最大量使用的一种工具。公务管理的方法很多，而最科学最正规的方法是利用公文。

1.2.2 公文的作用

公文的性质、任务和特点，决定着公文的作用是多方面的，概括起来主要如图1-9所示。

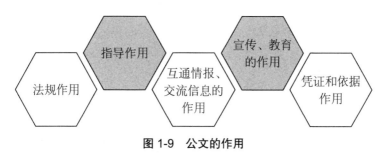

图 1-9 公文的作用

1.2.2.1 法规作用

所谓法规性公文，就是凡经过国家最高权力机关或最高管理机关颁发的公文，即是法规性公文。具体地说，凡经过全国人民代表大会通过的文件，是法律；经过全国人民代表大会常务委员会通过的文件，是法令；国务院通过的文件，是行政法规。这三种文件的总称，叫作法规文件。法规文件都是依据《中华人民共和国宪法》制定的，这类文件一经制定和发布生效，必须坚决执行，人人必须遵守，不得违反。

1.2.2.2 指导作用

机关公文是上级机关对下级机关工作进行领导和指导的主要方法和手段之一。

公文中的决定、意见、通知、批复等文种，就属于指挥、管理性的下行公文。这些公文一经下发，下级机关必须执行。大到国家机器的运转，小到一个事业单位内部工作有秩序地开展，都跟公文的指挥管理作用密切相关，离开了公文的这一作用，各方面的管理工作很可能陷入混乱状态。因此，我们应该意识到，相当多的公文的起草、定稿过程，实质上就是管理工作的实施过程。

1.2.2.3　互通情报、交流信息的作用

下行文中的通知、通报，上行文中的报告、请示，还有作为平行文的函，都有交流信息的基本功能。交流信息，一方面是上情下达，一方面是下情上达，另一方面是友邻单位互通情报。有了公文作为信息流通的渠道，上下级机关都有可能做到耳聪目明，不至于闭目塞听。

1.2.2.4　宣传、教育的作用

通报、会议纪要等文体，有着很明显的宣传教育作用。针对现实生活中普遍存在的某一问题或认识的偏差，摆事实、讲道理，进行启发诱导，使大家明白应该确立什么立场，应该坚持什么原则，进而知道自己应该做什么、怎样做。

1.2.2.5　凭证和依据作用

上级发布的下行文，是下级机关开展工作的依据；下级上报的公文，是上级决策的依据；一个机关自己制作的公文，是自己履行职能、开展工作的真实记录和凭证。

在日常工作中常会遇到这样的情况：对一个具体的事务该如何处理没有把握，就查找相关的公文，看上级或有关职能部门在这方面有哪些规定，然后按照规定行事；对某次会议的有关情况不够了解，就查找那次会议的纪要，马上即可获得清晰可靠的材料。这些都是公文依据和凭证作用的具体表现。

因此，许多重要的公文，都需要归档保存很长时间，以便需要时查找。

第 2 章
公文的格式规范

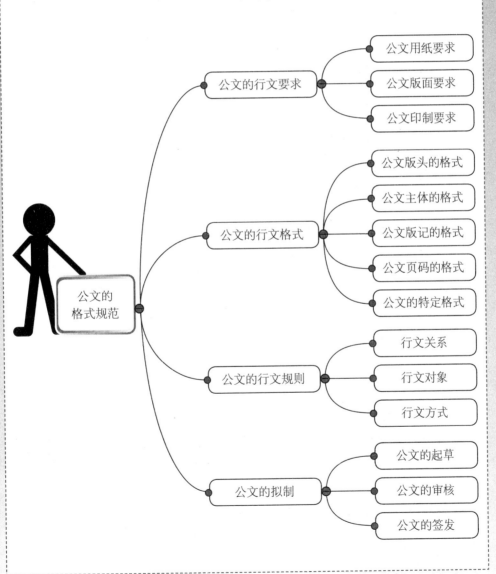

公文的
格式规范

公文的行文要求
- 公文用纸要求
- 公文版面要求
- 公文印制要求

公文的行文格式
- 公文版头的格式
- 公文主体的格式
- 公文版记的格式
- 公文页码的格式
- 公文的特定格式

公文的行行规则
- 行文关系
- 行文对象
- 行文方式

公文的拟制
- 公文的起草
- 公文的审核
- 公文的签发

2.1　公文的行文要求

2.1.1　公文用纸要求

2.1.1.1　用纸主要技术指标

公文用纸一般使用纸张定量为 $60 \sim 80g/m^2$ 的胶版印刷纸或复印纸。纸张白度为 $80\% \sim 90\%$ ，横向耐折度 ≥ 15 次，不透明度 $\geq 85\%$ ，pH 值为 $7.5 \sim 9.5$ 。

2.1.1.2　用纸幅面尺寸

公文用纸采用 GB/T 148 中规定的 A4 型纸，其成品幅面尺寸为：210mm×297mm。

2.1.2　公文版面要求

2.1.2.1　页边与版心尺寸

公文用纸天头（上白边）为 37mm±1mm，公文用纸订口（左白边）为 28mm±1mm，版心尺寸为 156mm×225mm，如图 2-1 所示。

2.1.2.2　字体和字号

如无特殊说明，公文格式各要素一般用 3 号仿宋体字。特定情况可以做适当调整。

2.1.2.3　行数和字数

一般每面排 22 行，每行排 28 个字，并撑满版心。特定情况可以做适当调整。其中，一行指一个汉字的高度加 3 号汉字高度的 7/8 的距离。一字指一个汉字宽度的距离。

2.1.2.4　文字的颜色

如无特殊说明，公文中文字的颜色均为黑色。

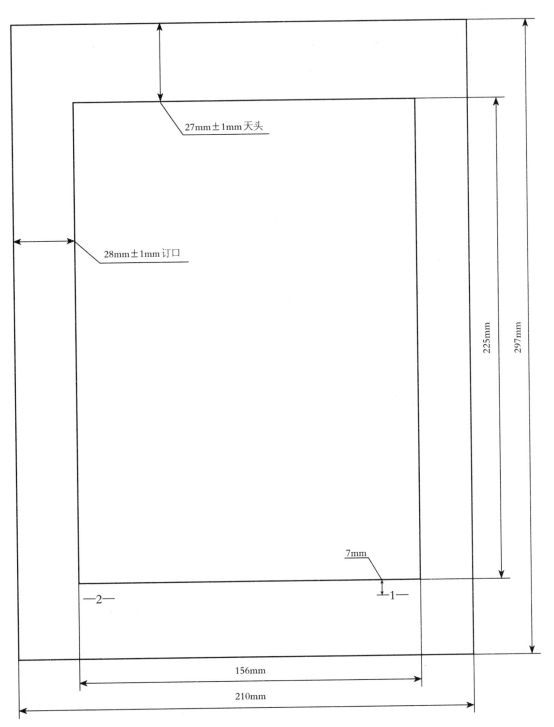

图 2-1 公文用纸页边及版心尺寸

2.1.3　公文印制要求

2.1.3.1　制版要求

版面干净无底灰，字迹清楚无断划，尺寸标准，版心不斜，误差不超过1mm。

2.1.3.2　印刷要求

（1）双面印刷；页码套正，两面误差不超过2mm。

（2）黑色油墨应当达到色谱所标BL100%，红色油墨应当达到色谱所标Y80%、M80%。

（3）印品着墨实、均匀；字面不花、不白、无断划。

2.1.3.3　装订要求

公文应当左侧装订，不掉页，两页页码之间误差不超过4mm，裁切后的成品尺寸允许误差±2mm，四角成90°，无毛茬或缺损。

骑马订或平订的公文应当：

（1）订位为两钉外订眼距版面上下边缘各70mm处，允许误差±4mm；

（2）无坏钉、漏钉、重钉，钉脚平伏牢固；

（3）骑马订钉锯均订在折缝线上，平订钉锯与书脊间的距离为3～5mm。

包本装订公文的封皮（封面、书脊、封底）与书芯应吻合、包紧、包平、不脱落。

2.2　公文的行文格式

公文主要由版头、主体、版记三部分组成。公文首页红色分隔线以上的部分称为版头；公文首页红色分隔线（不含）以下、公文末页首条分隔线（不含）以上的部分称为主体；公文末页首条分隔线以下、末条分隔线以上的部分称为版记。页码位于版心外。

2.2.1 公文版头的格式

公文版头由份号、密级和保密期限、紧急程度、发文机关标志、发文字号、签发人、版头中的分隔线组成。

2.2.1.1 份号

份号是指公文印制份数的顺序号。涉密公文应当标注份号，一般用6位3号阿拉伯数字，顶格编排在版心左上角第一行。

2.2.1.2 密级和保密期限

密级和保密期限是指公文的秘密等级和保密的期限。涉密公文应当根据涉密程度分别标注"绝密""机密""秘密"和保密期限，一般用3号黑体字，顶格编排在版心左上角第二行；保密期限中的数字用阿拉伯数字标注。

2.2.1.3 紧急程度

紧急程度是指公文送达和办理的时限要求。

（1）根据紧急程度，紧急公文应当分别标注"特急""加急"，电报应当分别标注"特提""特急""加急""平急"。

（2）标注时一般用3号黑体字，顶格编排在版心左上角；如需同时标注份号、密级和保密期限、紧急程度，按照份号、密级和保密期限、紧急程度的顺序自上而下分行排列。

2.2.1.4 发文机关标志

发文机关标志由发文机关全称或者规范化简称加"文件"二字组成，也可以使用发文机关全称或者规范化简称。发文机关标志居中排布，页面上边缘至版心上边缘的距离为35mm，推荐使用小标宋体字，颜色为红色，以醒目、美观、庄重为原则。

联合行文时，发文机关标志可以并用联合发文机关名称，也可以单独用主办机关名称。如需同时标注联署发文机关名称，一般应当将主办机关名称排列在前；如有"文件"二字，应当置于发文机关名称右侧，以联署发文机关名称为准上下居中排布。

2.2.1.5　发文字号

发文字号由发文机关代字、年份、发文顺序号组成。联合行文时，使用主办机关的发文字号。

发文字号编排在发文机关标志下空二行位置，居中排布。年份、发文顺序号用阿拉伯数字标注；年份应标全称，用六角括号"〔〕"括入；发文顺序号不加"第"字，不编虚位（即1不编为01），在阿拉伯数字后加"号"字。

上行文的发文字号居左空一字编排，与最后一个签发人姓名处在同一行。

2.2.1.6　签发人

上行文应当标注签发人姓名。由"签发人"三字加全角冒号和签发人姓名组成，居右空一字，编排在发文机关标志下空二行位置。"签发人"三字用3号仿宋体字，签发人姓名用3号楷体字。

如有多个签发人，签发人姓名按照发文机关的排列顺序从左到右、自上而下依次均匀编排，一般每行排两个姓名，回行时与上一行第一个签发人姓名对齐。

2.2.1.7　版头中的分隔线

发文字号之下4mm处居中印一条与版心等宽的红色分隔线。

公文首页格式示例如图2-2所示。

图2-2　公文首页格式示例（注：版心实线框仅为示意，并不印出）

联合行文公文首页版式示例如图2-3所示。

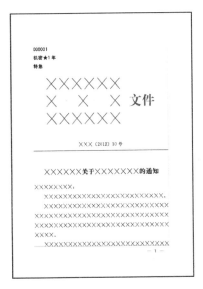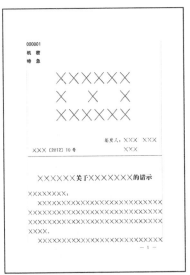

图2-3 联合行文公文首页版式示例（注：版心实线框仅为示意，并不印出）

2.2.2 公文主体的格式

公文主体由标题、主送机关、正文、附件说明、发文机关署名、成文日期和印章、附注、附件组成。

2.2.2.1 标题

标题由如图2-4所示的3部分组成。

标题一般用2号小标宋体字，编排于红色分隔线下空二行位置，分一行或多行居中排布；回行时，要做到词意完整、排列对称、长短适宜、间距恰当，标题排列应当使用梯形或菱形。

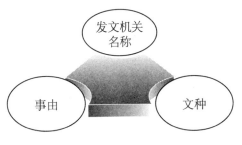

图2-4 标题的组成

2.2.2.2 主送机关

主送机关是公文的主要受理机关，应当使用机关全称、规范化简称或者同类型机关统称。

主送机关编排于标题下空一行位置，居左顶格，回行时仍顶格，最后一个机关名称后标全角冒号。如主送机关名称过多导致公文首页不能显示正文时，应当将主送机关名称移至版记。

2.2.2.3　正文

正文是公文的主体，用来表述公文的内容。

（1）公文首页必须显示正文。一般用3号仿宋体字，编排于主送机关名称下一行，每个自然段左空二字，回行顶格。

（2）文中结构层次序数依次可以用"一、""（一）""1.""（1）"标注；一般第一层用黑体字、第二层用楷体字、第三层和第四层用仿宋体字标注。

2.2.2.4　附件说明

附件说明是指公文附件的顺序号和名称。

（1）公文如有附件，在正文下空一行左空二字编排"附件"二字，后标全角冒号和附件名称。

（2）如有多个附件，使用阿拉伯数字标注附件顺序号（如"附件：1.×××××"）；附件名称后不加标点符号。

（3）附件名称较长需回行时，应当与上一行附件名称的首字对齐。

2.2.2.5　发文机关署名、成文日期和印章

发文机关署名是指署发文机关全称或者规范化简称。

成文日期是指署会议通过或者发文机关负责人签发的日期。联合行文时，署最后签发机关负责人签发的日期。

公文中有发文机关署名的，应当加盖发文机关印章，并与署名机关相符。有特定发文机关标志的普发性公文和电报可以不加盖印章。

（1）加盖印章的公文

成文日期一般右空四字编排，印章用红色，不得出现空白印章。

单一机关行文时，一般在成文日期之上、以成文日期为准居中编排发文机关署名，印章端正、居中下压发文机关署名和成文日期，使发文机关署名和成文日期居印章中心偏下位置，印章顶端应当上距正文（或附件说明）一行之内。

联合行文时，一般将各发文机关署名按照发文机关顺序整齐排列在相应位置，并将印章一一对应、端正、居中下压发文机关署名，最后一个印章端正、居中下压发文机关署名和成文日期，印章之间排列整齐、互不相交或相切，每排印章两端不得超出版心，首排印章顶端应当上距正文（或附件说明）一行之内。

（2）不加盖印章的公文

单一机关行文时，在正文（或附件说明）下空一行右空二字编排发文机关署名，在发文机关署名下一行编排成文日期，首字比发文机关署名首字右移二字，如成文日期长于发文机关署名，应当使成文日期右空二字编排，并相应增加发文机关署名右空字数。

联合行文时，应当先编排主办机关署名，其余发文机关署名依次向下编排。

（3）加盖签发人签名章的公文

单一机关制发的公文加盖签发人签名章时，在正文（或附件说明）下空二行右空四字加盖签发人签名章，签名章左空二字标注签发人职务，以签名章为准上下居中排布。在签发人签名章下空一行右空四字编排成文日期。

联合行文时，应当先编排主办机关签发人职务、签名章，其余机关签发人职务、签名章依次向下编排，与主办机关签发人职务、签名章上下对齐；每行只编排一个机关的签发人职务、签名章；签发人职务应当标注全称。

签名章一般用红色。

（4）成文日期中的数字

用阿拉伯数字将年、月、日标全，年份应标全称，月、日不编虚位（即1不编为01）。

（5）特殊情况说明

当公文排版后所剩空白处不能容下印章或签发人签名章、成文日期时，可以采取调整行距、字距的措施解决。

2.2.2.6　附注

附注是指公文印发传达范围等需要说明的事项。如有附注，居左空二字加圆括号编排在成文日期下一行。

2.2.2.7　附件

附件是指公文正文的说明、补充或者参考资料。

（1）附件应当另面编排，并在版记之前，与公文正文一起装订。

（2）"附件"二字及附件顺序号用3号黑体字顶格编排在版心左上角第一行。

（3）附件标题居中编排在版心第三行。

（4）附件顺序号和附件标题应当与附件说明的表述一致。附件格式要求同正文。

（5）如附件与正文不能一起装订，应当在附件左上角第一行顶格编排公文的发文字号并在其后标注"附件"二字及附件顺序号。

公文末页版式示例如图2-5所示。

图 2-5　公文末页版式示例（注：版心实线框仅为示意，并不印出）

联合行文公文末页版式示例如图2-6所示。附件说明页版式示例如图2-7所示。带附件公文末页版式示例如图2-8所示。

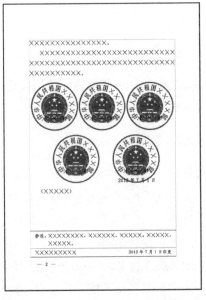

图 2-6　联合行文公文末页版式示例（注：版心实线框仅为示意，并不印出）

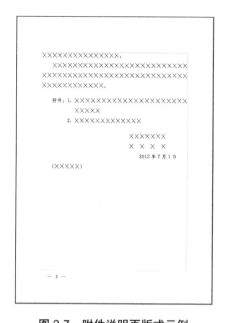

图 2-7 附件说明页版式示例

（注：版心实线框仅为示意，并不印出）

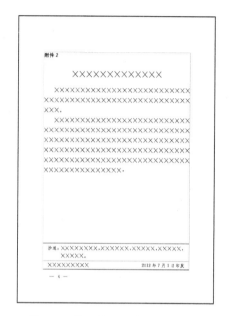

图 2-8 带附件公文末页版式示例

（注：版心实线框仅为示意，并不印出）

2.2.3 公文版记的格式

2.2.3.1 版记中的分隔线

版记中的分隔线与版心等宽，首条分隔线和末条分隔线用粗线（推荐高度为 0.35mm），中间的分隔线用细线（推荐高度为 0.25mm）。首条分隔线位于版记中第一个要素之上，末条分隔线与公文最后一面的版心下边缘重合。

2.2.3.2 抄送机关

抄送机关是指除主送机关外需要执行或者知晓公文内容的其他机关，应当使用机关全称、规范化简称或者同类型机关统称。

公文如有抄送机关，一般用4号仿宋体字，在印发机关和印发日期之上一行、左右各空一字编排。"抄送"二字后加全角冒号和抄送机关名称，回行时与冒号后的首字对齐，最后一个抄送机关名称后标句号。

如需把主送机关移至版记，除将"抄送"二字改为"主送"外，编排方法同抄送机关。既有主送机关又有抄送机关时，应当将主送机关置于抄送机关之上一行，之间不加分隔线。

2.2.3.3　印发机关和印发日期

印发机关和印发日期是指公文的送印机关和送印日期。一般用4号仿宋体字，编排在末条分隔线之上，印发机关左空一字，印发日期右空一字，用阿拉伯数字将年、月、日标全，年份应标全称，月、日不编虚位（即1不编为01），后加"印发"二字。

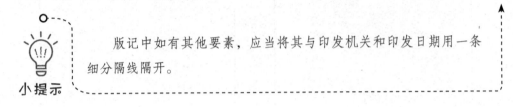

　　版记中如有其他要素，应当将其与印发机关和印发日期用一条细分隔线隔开。

小提示

2.2.4　公文页码的格式

公文页码一般用4号半角宋体阿拉伯数字，编排在公文版心下边缘之下，数字左右各放一条一字线，一字线上距版心下边缘7mm。单页码居右空一字，双页码居左空一字。公文的版记页前有空白页的，空白页和版记页均不编排页码。公文的附件与正文一起装订时，页码应当连续编排。

2.2.5　公文的特定格式

2.2.5.1　信函格式

（1）发文机关标志使用发文机关全称或者规范化简称，居中排布，上边缘至上页边为30mm，推荐使用红色小标宋体字。联合行文时，使用主办机关标志。

（2）发文机关标志下4mm处印一条红色双线（上粗下细），距下页边20mm处印一条红色双线（上细下粗），线长均为170mm，居中排布。

（3）如需标注份号、密级和保密期限、紧急程度，应当顶格居版心左边缘编排在第一条红色双线下，按照份号、密级和保密期限、紧急程度的顺序自上而下分行排列，第一个要素与该线的距离为3号汉字高度的7/8。

（4）发文字号顶格居版心右边缘编排在第一条红色双线下，与该线的距离为3号汉字高度的7/8。

（5）标题居中编排，与其上最后一个要素相距二行。

（6）第二条红色双线上一行如有文字，与该线的距离为3号汉字高度的7/8。

（7）首页不显示页码。

（8）版记不加印发机关和印发日期、分隔线，位于公文最后一面版心内最下方。

2.2.5.2 命令（令）格式

（1）发文机关标志由发文机关全称加"命令"或"令"字组成，居中排布，上边缘至版心上边缘为20mm，推荐使用红色小标宋体字。

（2）发文机关标志下空二行居中编排令号，令号下空二行编排正文。

（3）签发人职务、签名章和成文日期的编排同"加盖签发人签名章的公文"的要求。

2.2.5.3 纪要格式

纪要标志由"×××××纪要"组成，居中排布，上边缘至版心上边缘为35mm，推荐使用红色小标宋体字。

标注出席人员名单，一般用3号黑体字，在正文或附件说明下空一行左空二字编排"出席"二字，后标全角冒号，冒号后用3号仿宋体字标注出席人单位、姓名，回行时与冒号后的首字对齐。

标注请假和列席人员名单，除依次另起一行并将"出席"二字改为"请假"或"列席"外，编排方法同出席人员名单。

纪要格式可以根据实际制定。

信函格式首页版式示例如图2-9所示。命令（令）格式首页版式示例如图2-10所示。

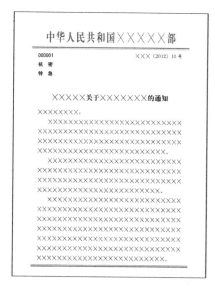

图2-9 信函格式首页版式示例

图2-10 命令（令）格式首页版式示例

（注：版心实线框仅为示意，并不印出）

2.3 公文的行文规则

2.3.1 行文关系

行文关系，是指发文机关和收文机关之间的文件往来关系，具体来说，是指根据机关的组织系统、领导关系和职权范围所确定的机关之间的文件授受关系。公文的行文关系主要有如图2-11所示的4种形式。

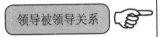

领导被领导关系
又称隶属关系，是指上下一级之间的直接垂直关系，如国务院和省政府之间
指导与被指导关系
是指处于同一专业系统的上级主管业务部门与下级主管业务部门之间的关系，如商务部与各省、自治区、直辖市商务局等主管部门之间
平行关系
是指在一个系列中的同等级别的机关或者部门、单位之间的关系，其代表性文种是平行文“函”，有的“通知”也可以发挥平行性
不相隶属关系
是指不是同一垂直系列不发生直接职能往来的机关及其部门、单位之间的关系，不论是相同级别还是不同级别，都要通过平行文如“函”进行协调

图2-11　公文的行文关系

2.3.2 行文对象

公文的行文对象可分为主送机关与抄送机关。

2.3.2.1 主送机关

主送机关是指受理并负责办理公文内容的主要机关。选择主送机关应遵循如图2-12所示的规则。

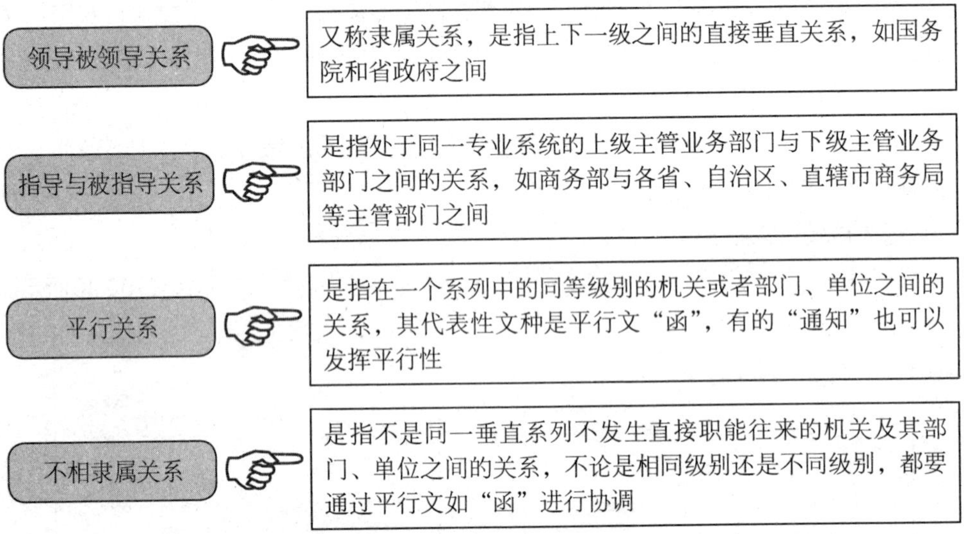

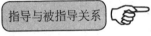

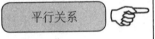

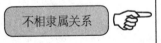

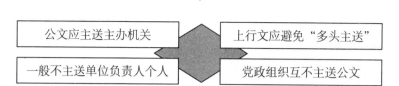

图 2-12　选择主送机关应遵循的规则

2.3.2.2　抄送机关

抄送机关是指只需要了解公文内容或需要协助办理公文的机关。不得作为抄送机关的情况有如图2-13所示的4种。

图 2-13　不得作为抄送机关的情况

2.3.3　行文方式

行文方式是指公文传递、运行的方式。主要行文方式有如图2-14所示的6种。

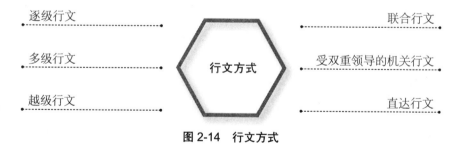

图 2-14　行文方式

2.3.3.1　逐级行文

逐级行文是指向直接的上级或者直接下级行文。为了维护正常的领导关系，有隶属关系或业务指导关系的机关之间应基本采取逐级行文的方式，按级逐级上报或下发文件，即只对直属上一级机关或下一级机关制发公文。

2.3.3.2 多级行文

多级行文是指下级机关同时向自己的直接上级机关和更高一级的上级领导机关行文或领导机关同时向所属的两个或两个以上的下级机关行文。为加快公文传递，在必要时可同时向若干层级的上级机关或下级机关制发公文。

2.3.3.3 越级行文

越级行文是指越过自己的直接上一级或直接下一级机关直接向其他上级或下级机关行文。为了维护组织或专业系统中的合理分工和正常工作秩序，防止工作上的脱节、被动或抵触，一般情况下避免越级行文。

越级行文的条件如图2-15所示。

条件一	遇有特殊重大紧急情况，如战争、自然灾害等，如逐级上报可能会延误时机，造成重大损失时
条件二	经多次请示直接上级，长期未得到解决的重大问题
条件三	上级领导或领导机关交办，并指定越级直接上报的事项；对直接上级机关或领导进行检举、控告
条件四	直接上下级机关有争议，而无法解决的重大问题
条件五	询问只有直接上级机关的上级机关才能答复的某些重要问题或事项，且这些问题和事项与直接上级机关没有任何联系

图 2-15 越级行文的条件

2.3.3.4 联合行文

联合行文是指处于同等地位的两个或以上机关共同发布公文。联合行文的条件如图2-16所示。

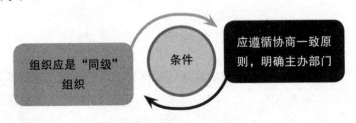

图 2-16 联合行文的条件

2.3.3.5 受双重领导的机关行文

受双重领导的机关向一个上级机关行文，必要时抄送另一个上级机关；上级机关向受双重领导的下级机关行文，必要时抄送下级机关的另一个上级机关。

2.3.3.6 直达行文

直达行文是指党政机关直接发到最基层的党政组织或者传达到人民群众的一种直接行文方式。有一些非涉密性文件，还可以采用登报、广播、电视等形式，直接与广大人民群众见面。

相关链接

《党政机关公文处理工作条例》（节选）

第四章 行文规则

第十三条 行文应当确有必要，讲求实效，注重针对性和可操作性。

第十四条 行文关系根据隶属关系和职权范围确定。一般不得越级行文，特殊情况需要越级行文的，应当同时抄送被越过的机关。

第十五条 向上级机关行文，应当遵循以下规则：

（一）原则上主送一个上级机关，根据需要同时抄送相关上级机关和同级机关，不抄送下级机关。

（二）党委、政府的部门向上级主管部门请示、报告重大事项，应当经本级党委、政府同意或者授权；属于部门职权范围内的事项应当直接报送上级主管部门。

（三）下级机关的请示事项，如需以本机关名义向上级机关请示，应当提出倾向性意见后上报，不得原文转报上级机关。

（四）请示应当一文一事。不得在报告等非请示性公文中夹带请示事项。

（五）除上级机关负责人直接交办事项外，不得以本机关名义向上级机关负责人报送公文，不得以本机关负责人名义向上级机关报送公文。

（六）受双重领导的机关向一个上级机关行文，必要时抄送另一个上级机关。

第十六条　向下级机关行文，应当遵循以下规则：

（一）主送受理机关，根据需要抄送相关机关。重要行文应当同时抄送发文机关的直接上级机关。

（二）党委、政府的办公厅（室）根据本级党委、政府授权，可以向下级党委、政府行文，其他部门和单位不得向下级党委、政府发布指令性公文或者在公文中向下级党委、政府提出指令性要求。需经政府审批的具体事项，经政府同意后可以由政府职能部门行文，文中须注明已经政府同意。

（三）党委、政府的部门在各自职权范围内可以向下级党委、政府的相关部门行文。

（四）涉及多个部门职权范围内的事务，部门之间未协商一致的，不得向下行文；擅自行文的，上级机关应当责令其纠正或者撤销。

（五）上级机关向受双重领导的下级机关行文，必要时抄送该下级机关的另一个上级机关。

第十七条　同级党政机关、党政机关与其他同级机关必要时可以联合行文。属于党委、政府各自职权范围内的工作，不得联合行文。

党委、政府的部门依据职权可以相互行文。

部门内设机构除办公厅（室）外不得对外正式行文。

2.4　公文的拟制

公文拟制包括公文的起草、审核、签发等程序。

2.4.1　公文的起草

公文起草应当做到以下要求。

（1）符合党的理论路线方针政策和国家法律法规，完整准确体现发文机关意图，并同现行有关公文相衔接。

（2）一切从实际出发，分析问题实事求是，所提政策措施和办法切实可行。

（3）内容简洁，主题突出，观点鲜明，结构严谨，表述准确，文字精练。

（4）文种正确，格式规范。

（5）深入调查研究，充分进行论证，广泛听取意见。

（6）公文涉及其他地区或者部门职权范围内的事项，起草单位必须征求相关地区或者部门意见，力求达成一致。

（7）机关负责人应当主持、指导重要公文起草工作。

2.4.2　公文的审核

公文文稿签发前，应当由发文机关办公厅（室）进行审核。审核的重点如图2-17所示。

重点一	行文理由是否充分，行文依据是否准确
重点二	内容是否符合党的理论路线方针政策和国家法律法规；是否完整准确体现发文机关意图；是否同现行有关公文相衔接；所提政策措施和办法是否切实可行
重点三	涉及有关地区或者部门职权范围内的事项是否经过充分协商并达成一致意见
重点四	文种是否正确，格式是否规范；人名、地名、时间、数字、段落顺序、引文等是否准确；文字、数字、计量单位和标点符号等用法是否规范
重点五	其他内容是否符合公文起草的有关要求

图2-17　公文审核的重点

需要发文机关审议的重要公文文稿，审议前由发文机关办公厅（室）进行初核。

经审核不宜发文的公文文稿，应当退回起草单位并说明理由；符合发文条件但内容需作进一步研究和修改的，由起草单位修改后重新报送。

2.4.3　公文的签发

公文应当经本机关负责人审批签发。重要公文和上行文由机关主要负责人签发。党委、政府的办公厅（室）根据党委、政府授权制发的公文，由受权机关主要负责人签发或者按照有关规定签发。签发人签发公文，应当签署意见、姓名和完整日期；圈阅或者签名的，视为同意。联合发文由所有联署机关的负责人会签。

第 3 章

公文写作概述

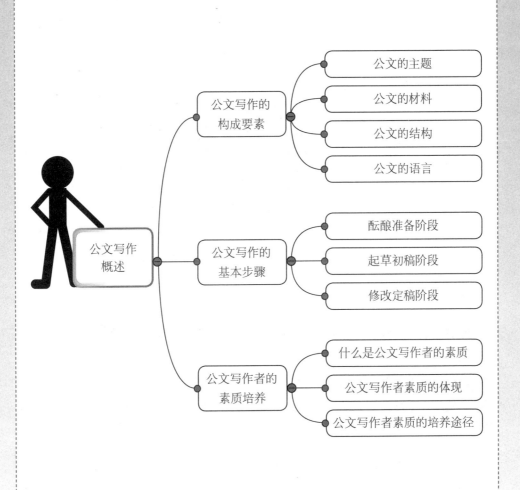

公文写作的
构成要素
- 公文的主题
- 公文的材料
- 公文的结构
- 公文的语言

公文写作
概述

公文写作的
基本步骤
- 酝酿准备阶段
- 起草初稿阶段
- 修改定稿阶段

公文写作者的
素质培养
- 什么是公文写作者的素质
- 公文写作者素质的体现
- 公文写作者素质的培养途径

3.1　公文写作的构成要素

3.1.1　公文的主题

公文的主题也称公文的主旨、主脑，是指行文者（通常为行文机关）通过公文内容所要表达的基本思想或基本意图。

衡量一篇公文写得怎样，主要看其主题在整篇中表现得如何。一般来讲，公文的主题必须达到如图3-1所示的基本要求。

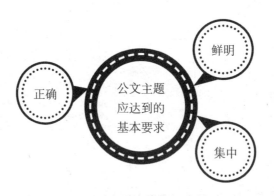

图 3-1　公文主题应达到的基本要求

3.1.1.1　正确

所谓正确，是指公文所表现出的主题具有思想性、科学性。思想性主要是指所表现的意图及目的要讲政治，不与国家的利益、法律的意志相冲突，符合改革开放及建设有中国特色社会主义理论的要求；所表现的事情符合实际，实事求是，不违背发展规律，并经得起实践的检验。要使主题正确表现，就必须吃透上级精神和下面情况这两头，正确地进行思维辨别，正确地想事情、考虑问题。

3.1.1.2　鲜明

所谓鲜明，是指公文所表现出的主题要有较强的针对性、倾向性，能够很好地让人清楚行文的基本意图，包括行文的目的和行文者对问题及其事物的态度等。赞成什么、反对什么，提倡什么、禁止什么，肯定什么、否定什么，都要直白明了，一看便知，一阅便懂。

3.1.1.3 集中

所谓集中，就是说公文所表现出的主题要体现其单一性，体现一文一事的基本要求。只要进行公文写作，就要考虑如何让一个主要意图、一个基本观点贯穿全篇的问题，并使其在文中较好地发挥统摄作用。公文写作就是这样一个规矩，一篇公文既不可多中心，不可存在若干个基本思想，也不能赘述数事，更不能下笔千言离题万里。

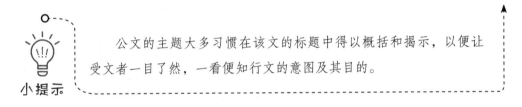

公文的主题大多习惯在该文的标题中得以概括和揭示，以便让受文者一目了然，一看便知行文的意图及其目的。

3.1.2 公文的材料

公文的材料，指的是用来表明发文机关意图、观点和行文目的的情况、事例、政策、数字、引语等相关信息。

3.1.2.1 公文材料的特点

衡量一篇公文写得是否成功，其主题的表现固然重要，但材料的选用也同样不可忽略。任何写作都不可不加选择地把所有的材料随便写进去。要知道，材料过多会湮没主题，材料失真会破坏主题，材料平庸会冲淡主题，材料陈旧会削弱主题。可见，材料的选用在公文写作中是很讲究的。具体来说，选用公文材料的功夫，在于写作人员对材料真实性、典型性、条理性这些基本特点的确切把握，如图3-2所示。

较好的写作，往往是所用材料能够紧扣主题，万变不离其宗，既能真实客观地反映事实，又能明确清晰地揭示和说明问题，而且还具有相应的条理性，致使主题的展开合情合理。如果材料的选择是盲目的，不但不能很好地揭示和说明问题，而且还会使主题节外生枝；如果材料的安排是缺乏条理的，不但会导致思维逻辑的混乱，而且还会丧失公文的整体凝聚力。

所用材料符合客观事实，不仅准确无误绝对真实，而且能较好地反映事物的本质与主流，既不以假乱真，也不以偏概全。有的材料从它本身孤立地看似乎是真实的，是客观生活中发生的真人真事，但透过现象看本质却大相径庭，这种材料就不能作为真实的材料写入公文中

材料能概括事物的本质属性，有代表性，能发挥以一当十、以小见大的作用，也就是能够明确地揭示和说明问题。典型材料能用来说明、反映主题，可使公文言简意赅，并且富有说服力和教育意义，但要注意绝不能脱离实际任意拔高，也不能随心所欲胡乱使用

材料在表现主题上要有主有次，并能够按种属类别安排先后次序，以充分发挥其应有的作用，不是那种杂乱的、没有头绪的堆砌。只有材料具有了条理性，才能根据需要恰当地安排材料，才能按照要求很好地运用材料

图 3-2 写作人员对公文材料的把握

3.1.2.2 选择公文材料的要点

在公文写作中，材料的选择使用，除要达到真实、典型和富有条理外，还要注意如图 3-3 所示的 4 个问题。

对材料要进行提炼，使材料浓缩有力，那些多余的、无用的、与主题无关的材料要坚决删去

要处理好材料与主题、材料与观点、材料与结构、材料与语言的关系。要做到材料围绕主题展开，为主题服务；材料与观点有机地统一，互为整体；材料与结构互相照应，最佳结合；材料的语言表达简洁明了，开宗明义

要善于掌握和运用公文中不可缺少的材料，如党和国家的路线、方针、政策，及法律法规、上级文件要求及规定，和领导同志的讲话、指示、批示，以及一些能说明问题的数据、数字等

要研究材料安排的学问和技巧。根据公文的需要，可以安排典型材料说明问题，突出其针对性，还可以安排对比的材料解释问题，给受文者以深刻印象，也可以安排点面结合的材料来证实问题，使其更具说服力

图 3-3 选择公文材料的要点

3.1.2.3 公文写作中材料的运用

用什么样的形式，来把材料和观点组成一个有机的整体呢？在公文写作中通常采用的方式有如图3-4所示的3种。

> **先亮观点，后列材料**
>
> 其优点是可先声夺人，头绪清楚，在段首句就亮出观点，而后再列举事例予以陈述、说明、解释

> **先列材料，后摆观点**
>
> 其优点是从事到理，说服力强，先介绍事实或者列举数字、依据，然后归纳概括观点

> **边列材料，边摆观点**
>
> 其优点是既摆事实又讲道理，由浅入深，便于让人理解，有些说明性较强的篇段，特别是夹叙夹议的公文，常采用这种方式

图3-4 公文写作中材料的运用方式

不过，无论采用哪种方式，一定要注意材料与观点之间的必然逻辑关系，即通过归纳、演绎、因果等逻辑推导，从材料中得出必然的结论，避免出现互相脱节、互相矛盾的问题。

3.1.3 公文的结构

公文的结构，即指公文内部的组织结构，也叫布局、谋篇、章法。

3.1.3.1 公文的开头

开头，亦称为公文的起始缘由。这部分一般主要叙写发文的根据、目的、原因、理由和情况等，实际上就是由表及里，有效展示全文的切入点。

公文开头的写作是有规律的，常用的开头方法有如图3-5所示的9种。

概述情况式		主要是简明扼要地概括基本情况，直接切题，以便引出下文
说明根据式		一般常以"根据""遵照""按照"等词语领起下文，以使行文有根有据，增强其权威性
介绍目的式		开宗明义，表明行文目的，常用"为了""为"或"……为此"等领出下文
交代原因式		一般用"由于""鉴于""因为"等领起下文，亦可直接陈述原因
阐明观点式		开头先提出结论性意见，并进行具体解释、说明、阐述
表明态度式		一般开头先对转发、颁布的文件提出看法和评价
提出问题式		一般是设问句开头，提示文章主题或主要内容，引起读者思考与共鸣
慰问祝贺式		常用于礼仪性的文章、讲话稿，一般开头就有针对性地提出慰问或祝贺
引述公文式		一般在开头就说明是针对某一来文而撰写的

图 3-5　公文开头的写法

小提示　　　也有公文不另写开头，直接列序号开始的，也有综合使用上述几种方法来安排开头的，但要注意简洁，尽可能开门见山，防止出现帽子大、套话多的毛病。

3.1.3.2　公文的主体

主体，亦称公文涉及事项。这部分从内容上讲，是全文的中心，行文的目的，主要表露行文者的主张、要求、意见、安排、部署、指示、决定等，是不可或缺的重要部分；从结构上看，主体一般有纵向组合结构、横向组合结构和纵横交叉结构三种形式。

（1）纵向组合结构。这种结构的思路是纵向展开的，一般分为直叙式和递进式，如表3-1所示。

表3-1　纵向组合结构的思路

序号	写作思路	具体说明
1	直叙式	一般按时间先后为序或以事情的发生、发展或变化过程为序。这种结构比较单一，事情的来龙去脉很清楚，常用于内容单纯、叙事性强的文种。采用这种结构方式，可按照发展顺序把事情恰当地剖成几个阶段，增加层次清晰度，但要注意突出重点，兼顾一般，切忌平铺直叙，平均用力
2	递进式	这是按事理的展开或认识过程来安排结构的，可以是叙事、说理、结论式，或由浅入深层层推进式。前一种就是摆情况、做分析、下结论，也就是提出问题、分析问题、解决问题，这种结构形式在公文里，特别是在布置工作的下行文中用得较多；至于由浅入深层层推进式，常用于说理性较强的公文

（2）横向组合结构。这种结构的思路是横向铺排的，或按事物的组成部分展开，或按空间分布展开，或按事物的性质归属关系展开。此种结构一般分为简单列举式和总分并列式，如表3-2所示。

表3-2　横向组合结构的思路

序号	写作思路	具体说明
1	简单列举式	主要是围绕主题，把选取的材料逐条逐项并列排出。法规、规章类公文及一些条文式公文常采用这种结构。这种结构形式条理清晰、简洁醒目
2	总分并列式	主要是遵循总分思路辐射式地展开，并列的各部分按事物的逻辑关系分类安排，分别围绕主题阐述一个问题，或者说明事物的一个侧面。这种结构中心突出、层次分明、条理清楚，在公文写作中用得较多

小提示

采用横向组合结构要力戒开中药铺似的罗列现象，应注意发掘各部分材料间的必然逻辑关系，注意同一层级上并列各项的分类采用同级标准，注意根据表达的需要确定分类的层级多少。

（3）纵横交叉结构。有些内容丰富、容量较大、篇幅较长的公文常采用这种结构形式。采用这种结构形式，要注意交叉不可杂乱无章，要有主有从。一般同一层级的材料，按一种定向组合结构为好，这便于控制、驾驭。

先按纵向结构组织，可以看出事物发展的全过程；先按横向结构组织，可以分析出事物各部分间的联系和区别。所以不论如何运用，都要从实际需要出发，从全篇的实际构成考虑。

3.1.3.3　公文的结尾

从内容上说，结尾是主体的自然延伸，或是行文目的的照应，或是核心问题的强调；从形式上讲，结尾是全文的终了和交代。结尾一定要顺其自然，言尽意明即可。

结尾的形式虽可千变万化，但基本上可概括为直接结尾与间接结尾两种。直接结尾即自然结尾，在表达完之后戛然而止。间接结尾，即在最后意思讲完后，再写一段或一句话来作为结尾。

写结尾，要注意如图3-6所示的5点。

1　注意从全文布局出发，不能为结尾而结尾

2　注意结尾简明、有力，避免陈词滥调

3　注意直接结尾不能使读者疑惑不解，间接结尾应避免画蛇添足

4　注意结尾与开头的首尾呼应

5　注意个别公文结尾的固定格式，应按格式的用法习惯去写

图 3-6　公文结尾的写作要点

相关链接

公文如何布局

除了通过固定模式框架来表明公文结构外，从整个公文的布局看还有个衔接自然、前后呼应的问题，通常我们所说的层次与段落、过渡与照应讲的就是这个内容。

1.层次

所谓层次，就是指公文内容的表现次序。它是事物发展中阶段性、客观矛

盾多侧面的表现，是写作者认识事物和表达问题的思维步骤在结构上的反映。事件发展的一个阶段、事物特征的一个方面、诸多问题中的一个问题、分析推论中的一个分论点等，都可以组成一个层次。主要有以下3种。

一是按客观规律线索来考虑安排层次，这包括以时间为序，即事物发生、发展、结束的顺序；以空间为序（以工作先后为序），即事物空间转移和场面变换的顺序。

二是按主观线索来考虑安排层次，这包括以思维逻辑为序，即提出问题、分析问题、解决问题的顺序；以事物特点、性质的分类归纳为序，即把同一特点、同一性质的问题、材料归入同一层次；以认识为序，即认识过程中的由浅入深、由表及里的顺序。

三是按主观客观交织的线索来考虑安排层次，即各个大部分以某一线索安排层次，而大部分中的小部分则以另一线索安排层次。

那么安排层次的具体方法主要有哪些呢？归纳起来主要有以下3种。

一是并列式，即各层次之间的关系是互相并列的，几个层次的内容都直接表现全文的主题，各层次之间没有直接联系，互相没有严格的先后次序之分。它的特点是条理分明，使人一目了然。

二是递进式，即各层意思之间是层层深入或推进的关系，几个层次的内容彼此联系极为紧密，层次间逻辑性很强。它的特点是结构严谨，具有较强的说服力。

三是连贯式，即各层次意思之间有先有后，上下衔接，连续发展。它的特点是纲目严明，便于阅读者把握主题。

2. 段落

所谓段落，就是公文中表现思想内容的最小单位。段落和层次既有区别又有联系。层次着眼于思想内容先后次序的划分，而段落着眼于过程中的间歇、转折和强调。一般来说层次大于段落，常常是几个段落表达内容的一个层次，有时层次和段落也正好一致。除篇段合一的短文外，稍长的公文都要划分段落。这是公文借以表达内容、明确层次的需要，也是追求文面结构美的需要，更是迎合阅读者接受心理的需要。

划分段落必须注意单一、完整、有序、合理。单一，是指在一个段落中只说一个意思，不要把几个意思混在一起说。完整，是指一个意思要在一个段落里说完，不要割裂成几段。有序，是指在一段内的句子之间要注意自有的排列顺序，段与文章中各段的组合要有逻辑联系，注意连贯性。合理，是指段落的划分要从表达思想内容的需要出发，考虑公文的总体表达效果，长短适度，疏密相宜。

3.过渡

所谓过渡，就是指层次和段落之间的衔接与转换。它是上下文的桥梁和纽带，起承上启下的作用。有了过渡，文章在"积章而成篇"时才能文脉贯通，既有层次，又成一个整体，就如同木匠的接榫合卯，裁缝的穿针引线一样。过渡可用关联词语、过渡句、过渡段等语言材料。

在公文结构中，过渡一般用于时间转换、事件转换、论述中转换、表达方式转换及大层次之间转换等负荷较重、容易断裂的地方。常见的过渡方法有下面6种。

一是自然过渡，也就是靠上下文之间内在的含义衔接过渡，没有什么明显的过渡语。

二是用关联词语过渡，就是在层次段落间加上承上启下或表示关联、转折的词语，如总之、综上所述、由此可见、为了、尽管等。

三是句子过渡，常用总括句、问话句等。

四是段落过渡，安排一个简短的自然段承上启下。

五是用顶真法过渡，即后一段重复前一段尾的词语。

六是用时间、方位词语过渡，或用序数词过渡等。

过渡是公文结构上的一个标志，要过渡得好，首先是思路要清晰、内容要贯通，然后才能较好地发挥过渡技巧的作用。过渡要力求自然，力求内容的顺接，不能单纯从形式上考虑过渡，让人感到画蛇添足。

4.照应

所谓照应，就是指公文中不相邻的层次、段落的关照和呼应。在一篇公文中前面说到的事项或内容，到后面要有所着落；后面提到的事项或内容，前面要有所交代，这就是照应。照应有助于强化前后内容的内在联系，增强公文的整体感。篇幅长的公文尤其应注意照应。有了照应才能使阅文者思路不断，集中对所阅公文内容的注意力。

常用的照应方式有下面4种。

一是题文呼应，在开门见山、收篇点题、片言居要等处照应标题。

二是首尾呼应，一般是开头提出问题，结尾做出结论，或者是结尾深化结论。

三是形式上首尾圆合，内容上通过照应概括全文突出主题。

四是前后照应，反复强调重点，使得结构紧凑，内容互为一体。

运用照应也要注意以下3点。

一是照应要自然，不能给人做作之感。

二是照应要用得恰当、合理、必需，不能滥用。

三是照应要有呼有应，呼而不应会令人疑惑不明，无呼而应会使人莫名其妙。

3.1.4　公文的语言

公文语言的主要特点体现在如图3-7所示的6个方面。

图 3-7　公文语言的特点

3.1.4.1　庄重

庄重指语言端庄，格调郑重严肃。公文是机关行使权力的工具，具有法定的效力，所以要求语言上具有庄重特色，要体现发文机关的权威性，特别是那些指示性、法规性公文更应如此。

3.1.4.2　准确

准确指语言真实确切，无虚假错漏，褒贬得当，语意明确，符合实际。公文是用来指导工作、反映情况和处理问题的，必须强调语言准确，避免产生任何歧义。但有时公文中也需要使用某种模糊语言，如基本、几乎、不少、绝大多数等，在一定情况下适当运用此类模糊语言，不但不会造成文意的模糊，而且恰恰能够达到准确表达文义的效果。

比如，"到20世纪末基本解决农村贫困人口的温饱问题"，这里用"基本解决"比用百分比的表达效果更好。

3.1.4.3 朴实

朴实指语言平直自然，是非清楚，明白流畅，通俗易懂。公文的着力点应放在说明问题和讲清道理上，注重以理服人，因此，公文语言要实在、质朴、平易。叙事求实，论理有据，不夸张、不掩饰，不追求词句的华丽。当然，强调公文语言的朴实，绝不是说公文的语言不要求生动。公文也要尽可能写得生动些，但这要根据公文的特点恰当处理，不能硬搬文艺作品的语言。

3.1.4.4 精练

精练指语言简明扼要，精而不繁，服从行文目的及表现主题的需要，当详则详，当略则略。公文的语言必须简明扼要，不拖泥带水，用最少的文字，表达尽可能多的意思。当然也要注意不要由于片面追求简练，而使文义不能得到完整、准确的表达。

3.1.4.5 严谨

严谨指语言含义确切，文句严谨，细致周密，分寸得当，忌模糊含混、语意多歧。公文是一种实用文体，它是在公务活动中进行交际、传递信息的文书。公文写作与一般性文章写作有明显的区别，它不需要繁复的细节描写和深入细致的刻画，也不能抒发个人的情感，要求用规范、严谨的语言去表述事实、传达信息。

3.1.4.6 规范

规范指语句不仅合乎语法及逻辑原则，而且要合乎公务活动的特殊规范性要求。公文要遵守语法规则，使用规范化语言，用词要符合行文的语体风格。要使用书面语言，不用口语、方言。公文起草中必须十分重视语法和修辞问题，要在这方面认真下功夫，做到字斟句酌。现在社会上存在用语、用字不规范的现象，要防止这种现象在公文语言中出现。

小提示

我们强调公文语言要规范化，同时也不否定公文语言具有某些特点，这两者并不矛盾，而是统一的。如在公文中适当使用文言词语，可使公文语言风格更为庄重、典雅和简洁。

3.2 公文写作的基本步骤

3.2.1 酝酿准备阶段

"凡事预则立，不预则废"，就像盖房子一样，公文写作动笔之前，也要对其有一个完整、可靠的规划和准备。事先准备充分与否，直接影响以后写作的进度和质量。公文写作的准备既包括内容，也包括形式，要通过充分的酝酿准备，达到对整篇公文胸有成竹。具体来说，公文写作的准备应从如图3-8所示的3个方面着手。

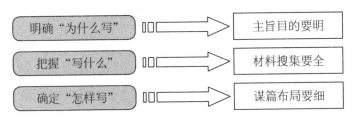

图3-8 公文写作的准备

3.2.1.1 明确"为什么写"——主旨目的要明

公文是公务活动中传情办事的工具。每一篇公文的发出，都有其特定的作用，也就是公文所要达到的目的。写一篇公文，首先要明确这篇公文是要达到什么样的目的。

比如，是要解决全局问题，还是要解决局部问题；是要对方了解、认识到某些问题，还是要求对方采取行动、措施等。

写作者要根据公文的写作目的和达到这一目的的根据，确定公文所要表明的主要观点、主张，即公文的主题。如果是领导交办的写作任务，写作者应就这些问题向领导进行仔细询问，认真研究，很好地领会个中含义，切不可不懂装懂，自由发挥。

3.2.1.2 把握"写什么"——材料搜集要全

"巧妇难为无米之炊"，有无丰富的写作材料和参考资料，对于一篇公文的成败，起着十分重要的作用。搜集材料要在"全"字上下功夫，要找全需要运用和参考的有关内容方面的资料，如图3-9所示。

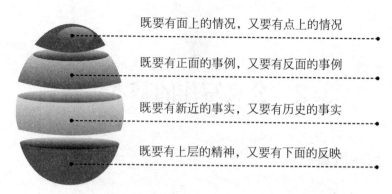

既要有面上的情况，又要有点上的情况

既要有正面的事例，又要有反面的事例

既要有新近的事实，又要有历史的事实

既要有上层的精神，又要有下面的反映

图 3-9　材料搜集要全

全方位地掌握了解资料后，思想观点就会更加客观，方法步骤就会切实可行，写作起来便游刃有余，写出的公文也就丰满充实。

3.2.1.3　确定"怎样写"——谋篇布局要细

谋篇布局，就是围绕主题把有关内容组织成篇的过程。公文的成败，往往取决于谋篇布局。主要应该确定以下 3 个方面的内容。

（1）定格式。要根据公文的主旨和目的，确定公文的发文对象，选择适当的文种。

（2）定结构。即要为公文建框搭架，即撰写写作提纲。写作提纲至少要解决如图 3-10 所示的问题。

问题一	要进一步确定中心论点和写作思路
问题二	要确定总体结构、段落层次，解决好先写什么、后写什么的问题
问题三	要选择主要材料和骨干事例，根据文章的总体结构进行合理安排
问题四	要初步拟出文章的大小标题
问题五	要基本确定文章的开头、结尾和论证方式，即如何开篇、如何收尾、如何转承启合衔接过渡等

图 3-10　写作提纲应解决的问题

一般而言，为确保公文的准确、严肃和写作速度，再简单的公文，写作前都应拟个提纲。

（3）定重点。要根据文章的主旨目的，确定哪一部分应详写，哪一部分应略写。

3.2.2 起草初稿阶段

准备工作好比是"十月怀胎"，起草环节则是"一朝分娩"。初稿写作不顺利，就难以高效率地完成预定的写作任务。起草初稿阶段的要求如图3-11所示。

图 3-11 起草初稿阶段

3.2.2.1 把准核心主题

主题是公文中贯穿始终的基本观点、主张和意图，是公文的灵魂和统帅。有了主题，公文就能提纲挈领。特别是起草领导讲话，主题更是一面鲜明的旗帜，反映讲话者的立场，体现讲话的导向，切忌顾左右而言他、泛泛而谈，更不能眉毛胡子一把抓、无的放矢。

3.2.2.2 把准逻辑主线

逻辑顺畅则公文温润如玉，行文如行云流水；逻辑混乱则公文杂乱无章，行文如一盘散沙。

撰文犹如回答论述题，对多个要点若只回答了其中一个，任你语言洋洋洒洒，也只能得低分；反之要点齐备，哪怕语言欠缺，也可得高分。这个"要点"就是思维规律、逻辑架构，简单说，就是"是什么、为什么、怎么办"。起草公文也要搭建严密的逻辑框架，弄清文章的组织构造及内在逻辑联系，形成清晰的脉络。

3.2.2.3 把准角色主见

公文的写作者代表的不是自我，而是一定团体和机关，或者是这个团体和机关的领导；写出的公文表达的不是个人思想，而是机关或机关领导的意志。

公文写作者要有"身在兵位,胸为帅谋"的担当,善于站在决策者的角度、全局的高度、主讲人的维度去发现问题、分析问题和解决问题,力求把问题看得更深一些、思考得更准一些、阐述得更新一些,这样的文章才有独到见解,领导的思想风格才能跃然纸上。同时,要学会把自己置于受众位,站在文件受众、讲话听众的角度起草文稿、组织语言,"在哪座山头就唱那首歌",这样写出的公文才能产生共鸣、收到效果。

3.2.3　修改定稿阶段

作为公文写作者,在修改公文时,既要站在行文者的角度,又要从受文者的角度对公文进行审改。

3.2.3.1　站在行文者角度审改

公文写作者要站在行文者的角度检验公文的准确性。对公文的修改,要从大处着眼,小处落笔,先检查公文的主旨材料、通篇结构是否有毛病,然后从字、词、句、段逐一进行检验修改。具体要求如表3-3所示。

表3-3　站在行文者角度审改

序号	审改角度	具体说明
1	看主题是否正确,表达是否清楚	首先检查主题是否正确,是否符合党和国家的有关法规、方针政策等,主旨正确了,再看主旨是否表达清楚,这要从三个方面检验: (1)要检查公文的大小标题是否概括准确,是否直接、简洁、鲜明地反映主题 (2)要检查公文内容表述是否集中,是否紧扣主题、反映主题 (3)要看文章的思想性是否与主旨相统一
2	看结构是否合理	修改时应检验结构布局是否完整合理,有无残缺脱漏;段落层次是否分明并合乎逻辑;过渡照应是否恰当;开头结尾是否得体等
3	看选材是否正确、典型	根据写作目的和公文主旨的需要,对初稿选用的材料要认真检验核实,对虚假失实的材料要坚决舍弃,材料空洞贫乏的应适当补充以使主旨基础坚实
4	看语言是否精当,标点符号是否规范	(1)初稿形成后,要逐字逐句推敲语言,删繁就简,竭力将可有可无的字、句、段删去

续表

序号	审改角度	具体说明
4	看语言是否精当，标点符号是否规范	（2）用词要准，要考虑公文的语体特色，以使语言达到准确、精练、规范、明白、朴实、生动的要求 （3）要检查标点符号使用是否恰当，有无错别字等 　以上这些看似细枝末节，但如果马虎大意，造成疏漏，就会使受文者产生误解或引发歧义，甚至出现重大错误，给工作带来困难或造成损失

3.2.3.2　站在受文者角度审改

公文写作者要站在受文者的角度检验公文的可行性。在修改公文时，要从受文者的角度出发，对公文内容的正确性、可行性和指导性进行检验。具体要求如表3-4所示。

表3-4　站在受文者角度审改

序号	审改角度	具体说明
1	查政策界限是否正确	每份公文规定要做什么、不要做什么、应当怎么做，政策界限必须正确，否则，在执行中必然会产生偏差
2	查措施办法是否明确具体	（1）要重视检查"工作交代"是否明确 （2）凡请示的文件，均须写明情况和自己的要求及意见，并写明希望何机关何人何时答复何项问题 （3）凡指示的文件，对各级的要求，亦应规定明确
3	查措施办法是否可行，各方面有无抵触	文件提出的实现目标的措施和解决问题的方法必须切实可行，否则，就可能成为一纸空文，达不到行文目的，因此要注意查明下列问题： （1）提出措施、方法的理由是否充分，它与客观条件是否符合，在行文范围内是否有普遍指导意义 （2）检查文件的内容与中央、上级发布的方针、政策、规定等是否保持一致，与同级平行机关的有关规定、办法有无抵触，与过去本单位制定的有关政策规定是否有矛盾，如有不一致的地方，要根据情况进行修改或适当处理 （3）查看文稿本身的标题和内容、观点和材料之间有无自相矛盾、互相抵触的地方 　以上三点得到全面解决，才能有效推动受文者自觉地按公文要求行动，促进公文目标的实现

3.3　公文写作者的素质培养

3.3.1　什么是公文写作者的素质

公文写作者，是指公文的撰拟制作者，特别是各级党政机关、企事业单位、社会团体中的秘书人员。

公文写作者的素质是指公文写作者在物质和精神方面的一种综合能力，包括先天特质和后天涵养两个方面。其主要特点如图3-12所示。

特点一	奉命而作，要直接代表机关说话，为机关指导工作服务，必须体现机关和机关领导的意图
特点二	贵在实用，公文写作必须情况要真实，观点要实在
特点三	公文有其特定的格式标准和写作程序，这就要求体式要规范
特点四	公文写作语言要准确、简明、平实

图 3-12　公文写作者素质的特点

3.3.2　公文写作者素质的体现

公文写作者的素质特性决定了公文写作者必须具备生理和心理、政治、科技文化知识等多方面的素养。

3.3.2.1　生理心理素质

公文写作者生理心理素质是指写作者进行写作所具备的独特、稳定的心理生理品质，就写作者而言，主要包括个人的天赋、气质、性格、兴趣等要素，如表3-5所示。

表3-5　公文写作者的生理心理素质的要素

序号	要素	具体说明
1	天赋	天赋，首先是指一个人神经系统的正常、无缺陷，正常的先天生理条件对一个公文写作者的成长具有决定性的意义，也是他后天个人独特心理品质发展的根基，而后天的训练无疑是对天赋的成全、补充、完善与合理发展。
2	气质	气质是人的高级神经活动类型特点在行为方式中的表现，是个人心理活动的动力特征，气质在很大程度上决定着作者的写作或创作的观点、过程、语言乃至风格
3	性格	公文写作者的性格主要表现在他对外物的感知、认识、推理、判断及感情意志等心理活动中，对公文写作过程中题材处理、主题提炼、文种驾驭、语言表达及个性风格的形成都会产生深刻的影响
4	兴趣	兴趣是指一个人经常趋于认识掌握某种事物，力求参与某项活动，并且有积极情绪色彩的心理倾向。公文写作者的个人兴趣对他写作过程中的材料选择与主题提炼、内容的倾向性和生动性及风格的形成都有直接的影响。因此，公文写作者应当具有广泛、持久、深刻、健康的兴趣，才有可能写出好的公文作品来

3.3.2.2　政治素质

政治素质是指人的道德观念和思想品质，是反映人的社会聚合力状况的素质，包括人的世界观、价值观、幸福观、责任感、义务感等内容，良好的政治素质无疑是对公文写作者的　个基本要求。

道德观念是人的共同生活及其行为的准则和规范。公文写作者从事公文写作时总会按照一定的道德标准去评判生活、人物，衡量是非曲直。写作者的立场和信仰决定着公文本身的政治倾向与阶级爱憎，写作者的觉悟与人生观、生活态度则直接作用于写作者对问题情况认识评价的正确和深刻程度。可以这样说，优良的思想品质是公文写作者正确地感知、体验、理解和判断分析现实生活的基础。

3.3.2.3　文化知识素质

人的文化素质，主要是指人在知识、智能方面的素质，是后天学习和培养的结果。虽然一个公文写作者的文化素质应该是多方面的，除了政治理论知识、公文写作专业知识外，还应该具有比一般人更广泛的文化知识，如市场经济知识，和历史学、地理学、心理学知识及种种自然科学方面的知识和日常生活常识等。

公文写作者良好的文化素质能扩大公文作品所蕴含的信息量，提高公文反映问题的深度和广度。

小提示。

3.3.3　公文写作者素质的培养途径

公文写作者素质的培养途径主要如图3-13所示。

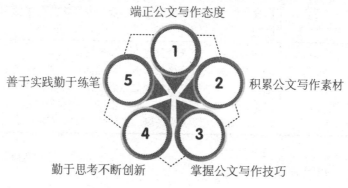

端正公文写作态度

善于实践勤于练笔　　5　　　　2　　积累公文写作素材

勤于思考不断创新　　4　　3　　掌握公文写作技巧

图3-13　公文写作者素质的培养途径

3.3.3.1　端正公文写作态度

公文写作虽然不容易，但也不是高不可攀，写作者如果有坚持不懈的韧劲和积极的态度，不断学习、刻苦练习一定能写出好的公文。因此，端正公文写作态度就至关重要，其措施如图3-14所示。

> 要坚定政治立场

公文是政策性较强的文章，写作者一定要有坚定的政治立场和敏锐的洞察力，在思想上始终与党中央保持高度一致，为提高公文写作素养打好政治基础

> 要坚持实事求是的态度

公文要求用事实说话，所以，写作者在起草公文时一定要实事求是，一就是一，二就是二，绝对不能夸大或者缩小，更不能浮夸；同时，机关公文写作必须与本单位实际情况相结合才能写出好的文章

图3-14　端正公文写作态度的措施

3.3.3.2 积累公文写作素材

要想写好公文，必须要有丰富的材料，这就要求写作者在日常工作学习中不断积累素材，其措施如图3-15所示。

 要积累理论素材
公文写作不同于学术论文，它具有很强的政策性和理论性，一定意义上公文写作就是执行政策、依靠政策、理解政策、表达政策的过程，这就要求写作者要熟悉党的政策，以此来提高公文写作的政治素养和理论素养

 要积累语言素材
语言是公文写作的重要要素，一篇好的公文，应该是主题鲜明、论证合理，让人一看便懂，这就要求写作人员具备较好的文字功底，在公文写作中会说简洁、通俗、易懂的语言，在语言上不断锤炼，提高语言运用能力

 要积累业务素材
写作者不仅要有广博的自然科学和社会科学知识，还应该熟悉机关工作和业务知识。写作者必须要通过学习、调研等途径掌握本部门的业务知识，从而在公文写作时把上级政策与本部门工作实际紧密结合，写出高质量的机关公文

图 3-15　积累公文写作素材的措施

3.3.3.3 掌握公文写作技巧

公文写作必须要按照公文写作规范进行才能写出好的公文，这就要求公文写作者掌握如图3-16所示的写作技巧。

 要懂公文特点
公文具有政策性、真实性、条理性、严肃性和实用性，所以公文写作者一定要按照公文写作规范起草公文，确保公文实事求是、观点明确、条理清晰、文字简短，从而提高公文的实效性

 善于模仿
模仿顾名思义就是有意识地学习别人的东西。公文写作者要多读一些优秀的公文，借鉴其中有价值的成分，读多了就会潜移默化地对公文写作思路和方法有所了解

 要会搭骨架
写作者在写作公文的过程中要学会搭架子，即列好提纲，把大提纲、小提纲都列清楚，这样有利于组织材料，从而使写出的公文结构严谨、条理清晰

图 3-16　掌握公文写作的技巧

3.3.3.4　勤于思考不断创新

公文写作者在日常工作、学习、生活中积累了大量的公文写作材料，但是大量的材料不可能全部用到每一次公文写作之中，这就要求写作者要勤于思考、不断创新，对已有的材料进行整理。具体措施如图3-17所示。

措施一　要选择有用的材料

有用的材料就是符合党的路线方针政策，与当前社会发展相关的热点材料，并且与所要起草内容相适应的材料。大多数情况下要选择比较典型或者新鲜的材料，这样能够使文章起到画龙点睛的作用

措施二　要选择好角度

同样一个材料用在公文写作上角度可以有几种，所以写作者在使用材料时，一定要选好角度，使所用材料能够恰如其分地证明所写内容，从而提高公文质量

措施三　要坚持与时俱进的原则

写作者在遵循原则的基础上，要开动脑筋，寻找新的突破口，使公文具有新理念、新思路和新表述，从而在创新的过程中提高写作人员的公文写作素养

图 3-17　勤于思考不断创新的措施

3.3.3.5　善于实践勤于练笔

文章非天成，妙手靠实践。写作者要想写出好公文，只读只看是不行的，必须要动手实践，常写常练，坚持不懈才能做到下笔如有神，才能使其写作素养有所提高。具体措施如图3-18所示。

勤于动笔

写作者可以从整理日常工作会议记录入手，把会议记录用简洁通俗的语言记录下来，同时也可以把所看到的感兴趣的信息写下来，坚持边工作边写作，长期坚持，不断写作，这样在一段时间之后写作水平就会有所提高

要勤于修改

公文大多是三分写，七分改，写完公文之后一定要对公文中的相关材料反复确认，要对语言反复推敲，看材料选用得是否正确，语言使用得是否恰当，多一次修改就多一次写作的体验，在不断修改的过程中，写作素养就能有所提高，从而写出好的公文

图 3-18　善于实践勤于练笔的措施

第 4 章

通用公文的写作

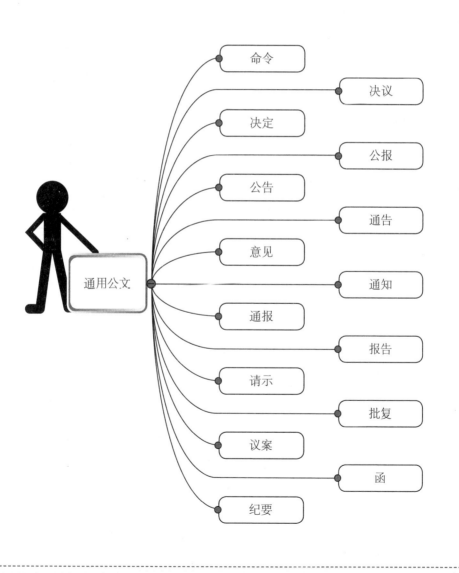

命令

决议

决定

公报

公告

通告

意见

通用公文

通知

通报

报告

请示

批复

议案

函

纪要

4.1　命令的写作

4.1.1　写作常识

4.1.1.1　命令的概念

命令是国家政权中特定机关发布的有强制性、领导性、指挥性的下行公文。令是命令的简称。

命令适用于公布行政法规和规章、宣布施行重大强制性措施、批准授予和晋升衔级、嘉奖有关单位和人员。

4.1.1.2　命令的特点

命令具有如表4-1所示的特点。

表4-1　命令的特点

序号	特点	具体说明
1	权威性	命令的发布权限有严格的规定，根据我国宪法及地方各级人民代表大会和地方各级人民政府组织法的规定，只有国家主席、全国人大常委会和其委员长、国务院、国务院总理、国务院各部（委）、国务院各部部长、国务院各委员会主任、地方人民代表大会常务委员会、地方各级人民政府，才可以在法定权限内发布命令，其他任何单位和个人均无权发布命令
2	强制性	命令具有极大的强制性，一经发出，受令方必须无条件地执行，没有任何商量的余地，否则，相关责任人员要受到严厉的纪律处分，情节严重的还要受到法律的制裁
3	严肃性	命令一经发出，就不能随意更改或变通处理，在语气上果断干脆，措辞严肃，非常明确坚定
4	重要性	命令所涉及的事项，有的是发布行政法规和规章，有的是宣布施行重大强制性行政措施，这些都是重要的内容；运用命令来奖惩有关人员，往往也是影响较大的；如果是一般性的表彰先进或批评错误，就不用命令而用通报等别的公文文种

4.1.1.3　命令的分类

命令能分多种类型，按其内容和作用，有发布令、行政令、任免令、嘉奖令以及惩戒令、动员令、戒严令和特赦令等，前四种比较常见和常用，如表4-2所示。

表4-2　命令的分类

序号	类型	具体说明
1	发布令	多用于发布重要法规、规章和条例等。发布令篇幅一般比较短，文字精练、准确、鲜明和庄重
2	行政令	多用于发布行政法规、规章和宣布施行强制性行政措施等
3	任免令	多用于发布人事任免事宜，有时也以"任免名单"的形式代替
4	嘉奖令	多用于表彰有关人员等。嘉奖令可由国家行政领导机关、立法机关单独发布，也可以由党政军机关联名发布，但省以下机关多以表彰性的通报来代替嘉奖令

4.1.1.4　命令的结构

命令的结构，一般由标题、发文字号（令号）、主送机关、正文、署名、日期等六部分组成，如表4-3所示。

表4-3　命令的结构

序号	组成	具体说明
1	标题	标题一般有以下3种形式 （1）由"发文机关＋事由＋文种"构成 （2）由"发文机关＋文种"构成 （3）由"事由＋文种"构成
2	发文字号（令号）	发文字号有两种 （1）序号式：不按年度编排，而是以一届政府的任期为单位，是该届政府整个任期期间发布的命令（令）的顺序编号，这种序号主要用于发布令，且在标题下居中排版 （2）机关代字、年号、序号齐全的形式：如"国发〔2021〕13号"，这种形式多用于行政令、任免令、嘉奖令等公文中，且发文字号一般在版头部分
3	主送机关	发布令、行政令因其面向政府所辖范围内的全体成员，故不用主送机关；嘉奖令有主送机关
4	正文	（1）发布令一般采用篇段合一式，要写明发布依据、发布对象、发布决定和施行日期等重要信息 （2）行政令由缘由、主要内容和执行要求等部分组成

续表

序号	组成	具体说明
4	正文	（3）任免令包括任免依据、被任免者的姓名及所任免的职务 （4）嘉奖令一般包括事迹介绍、性质评价、如何嘉奖及希望号召等部分
5	署名	签发者应是发文权力机关或发文权力机关的最高领导人的职务以及姓名，后者虽然用的是个人名义，但代表着权力机关，具有法定效力
6	日期	正式签发日期

4.1.1.5　命令的写作要求

命令的写作要求如表4-4所示。

表4-4　命令的写作要求

序号	写作要求	具体说明
1	严格按规定权限行文	根据《中华人民共和国宪法》的规定，命令只能由国家主席、委员长、总理、各部长、各委员会主席（主任）及人民政府使用，省以下机关的职能部门不能使用。这说明发布命令的机关等级一般都比较高，超越规定权限的命令只是一纸空文。不论哪一级首长，发布什么内容的命令，都必须按规定权限行文，不得越权行令，不得随意制发命令。比如上级机关的业务部门就不可对下级机关或下级机关业务部门行令
2	内容要准确无误	命令的内容很重要，稍有不慎危害很大，因此，机关制发命令必须准确地把握命令的根据，正确理解上级的指示、本级首长的意图和决心，实事求是规定任务、提出要求，允许办什么、不允许办什么、什么时间完成，必须要有严肃认真的态度，不能有丝毫的马虎，应保证一字不能差
3	行文简短有力	命令是要求下级执行的，应力求让下级好记易懂，便于贯彻执行，因此，行文一定要简明扼要，切忌冗长啰唆，空话连篇
4	语言要坚决果断	写命令的语气应力求坚决果断、斩钉截铁，用词准确肯定、清楚明白，切忌使用商量的语气或者容易产生歧义的词语，也不宜多用修饰词和形容词。命令一般不过多叙述道理，但是有些命令，为使受令者深刻了解命令内容的意义，简明扼要地阐述一些道理也是必要的

4.1.2　写作模板

4.1.2.1　发布令

＿＿＿＿（发令机关名称或发令机关领导人职务名称）命令

＿＿＿＿＿＿（发文字号）

＿＿＿＿＿＿＿＿＿＿＿（公布的法规名称）已经＿＿年＿＿月＿＿日（通过或批准的时间）＿＿＿＿＿＿＿＿＿＿＿＿＿＿会议通过（通过或批准的机关或会议），现予发布，自＿＿年＿＿月＿＿日起施行（通过或批准的时间及施行时间）。

＿＿＿＿＿＿＿（发文机关或行政首长签名）

＿＿＿＿＿＿＿（发文日期）

4.1.2.2　行政令

＿＿＿＿（发令机关名称＋主要事由）命令

＿＿＿＿＿＿＿＿＿＿＿＿＿＿＿＿＿＿＿＿＿＿＿＿＿＿＿＿＿＿＿＿＿＿＿＿＿（说明发布命令的缘由），＿＿（写出命令的具体内容）。

＿＿＿＿＿＿＿（发文机关或行政首长签名）

＿＿＿＿＿＿＿（发文日期）

4.1.2.3　任免令

_____（发令机关名称）令

_____（受文单位）:

根据/经_____决定（依据）:

免去_____同志的_____职务;

任命_____同志为_____。

（于_____年____月____日就职。）

_____（发文机关）

_____（发文日期）

4.1.2.4　嘉奖令

_____（发令机关名称＋主要事由）命令

_____（受文单位）:

_____

_____（说明嘉奖的缘由）。

_____

_____（概括嘉奖的事项）。

_____

_____（发出号召）。

_____（发文机关）

_____（发文日期）

4.1.3 写作范本

 范本1

××市人民政府令

第×号

《××市扶助残疾人办法》已经20××年×月×日××市人民政府第×届×次常务会议通过，现予发布，自20××年×月×日起施行。

市长 ☐ 签名章

20××年×月×日

 范本2

××县人民政府关于森林高火险期严禁一切野外用火的命令

各乡镇人民政府，县森林防火指挥部成员单位：

为有效预防森林火灾发生，确保森林资源和人民生命财产安全，根据国务院《森林防火条例》《××市森林防火办法》有关规定，县政府决定于20××年×月×日至20××年×月×日森林高火险期内，禁止一切野外用火，命令如下。

一、森林高火险期内，严禁吸烟、烧荒、燎地边、烧秸秆、上坟烧香烧纸、燃放烟花爆竹、点篝火、野炊、施放孔明灯、烧烤等一切野外用火；严禁携带火种或易燃易爆等危险物品进入森林防火区；进入林区的车辆须加装防火罩，严禁司乘人员丢弃火种；森林防火区内的单位和居住人员，严格管理生活用火，防止跑火进山入林；停止办理野外用火审批手续。

二、全县各级森林防火组织必须加强森林高火险期森林防火工作的领导，严格管理火源，强化火险隐患排查，落实各项防火责任。各级专业森林消防队伍进入战备状态，做好扑救森林火灾的各项准备工作。

三、违反本命令擅自野外用火的单位和个人，由行政主管部门依法责令改正，给予警告，对个人并处200元以上3000元以下罚款，对单位并处10000元以上50000元以下罚款。对引发森林火灾构成犯罪的，依法追究刑事责任。

××县人民政府

20××年×月×日

××县人民政府关于任免干部职务的令

各镇政府、县直有关部门、驻××中区县直各单位：

经县政府研究决定：

免去×××同志县招商局副局长的职务；

任命×××同志为县招商局副局长。

以上新提拔人员，实行试用期制度，试用期为一年。

××县人民政府

20××年×月×日

注：因书籍版面受限，书中所有范本的标题均用小四号字，正文和版记部分用五号字排版，实践中请以公文规范格式为准；书中所有范本的署名和成文日期均以不加盖印章的格式进行排版，实践中请以实际情况为准。

 范本4

××县人民政府嘉奖令

各乡镇人民政府，县政府各部门：

20××年，县消防救援大队以新时代中国特色社会主义思想和党的十九大精神为指导，紧紧围绕县委、县政府决策部署，积极应对新时代消防安全挑战，不断健全完善消防责任体系，持续推动社会消防管理创新，坚持聚焦风险抓防范、紧盯短板强基础、瞄准实战谋打赢，全力提升社会火灾防控水平，圆满完成各项灭火和抢险救援任务，有效保持了全县消防安全形势的持续平稳，我县连续四年被市政府、市防火安全委员会评为消防工作先进单位，县消防救援大队为促进全县平安建设做出了突出贡献。为鼓励先进，促进工作，经县政府研究，决定给予县消防救援大队通令嘉奖。

希望县消防救援大队珍惜荣誉、戒骄戒躁、再接再厉、再创佳绩。全县各单位要认真学习先进，以县消防救援大队为榜样，进一步振奋精神，开拓进取，真抓实干，为全县平安建设和社会稳定做出新的更大贡献。

××县人民政府

20××年×月×日

4.2 决议的写作

4.2.1 写作常识

4.2.1.1 决议的适用范围

决议是指党的领导机关就重要事项，经会议讨论通过其决策，并要求进行贯彻执行的重要指导性公文。

决议适用于会议讨论通过的重大决策事项。

4.2.1.2　决议的特点

决议具有表4-5所示的特点。

表4-5　决议的特点

序号	特点	具体说明
1	权威性	决议是经过党的会议讨论通过才能生效并由党的领导机关发布的，是党的领导机关意志的反映
2	指导性	决议表述的观点和对事项的评价都具有指导意义

4.2.1.3　决议的分类

根据内容的不同，决议可以分为批准性决议和指挥性决议两种，如表4-6所示。

表4-6　决议的分类

序号	类型	具体说明
1	批准性决议	用于批准某项报告、文件或具体事项
2	指挥性决议	用于重要的、长期的工作或原则性的、非事件性的工作进行部署安排

4.2.1.4　决议的结构

决议一般由标题、成文时间、正文三部分组成，如表4-7所示。

表4-7　决议的结构

序号	组成	具体说明
1	标题	决议的标题有两种形式：一种是由"发文机关（或会议名称）+事由+文种"构成；另一种是"事由+文种"构成
2	成文时间	凡属于法定会议正式讨论通过的决议，日期一般放在标题之下，在小括号内注明会议名称及通过时间，有时也可省略会议名称
3	正文	正文由决议根据、决议事项和结语三部分组成 （1）决议缘由：一般简要说明有关会议审议决议涉及事项的情况，陈述作出决议的原因、根据、背景、目的或意义 （2）决议事项：写明会议通过的决议事项，或会议对有关文件、事项作出的评价、决定，或对有关工作做出的部署安排和要求、措施 （3）结语：一般紧扣决议事项有针对性地提出希望、号召和执行要求，有的决议可不单列这部分

4.2.1.5 决议的写作要求

决议的写作要求如表4-8所示。

表4-8 决议的写作要求

序号	写作要求	具体说明
1	中心明确、重点突出	必须紧扣会议精神和主题，准确阐明会议决策事项，体现与会者的集体意志，做到中心明确、重点突出
2	结构严谨、条理清晰	由于会议内容有多面性，与会者讨论的问题比较广泛，所以，会议决议必须更加注重结构严谨、条理清晰，要恰当运用习惯用语区分决议的不同段落层次。常用的习惯用语有"会议决定""会议同意""大会要求""大会指出"等，这向人们表明了与会者的立场观点，表示会议的决定事项是与会者集体讨论的成果

4.2.2 写作模板

_____（ 发文机关、事由 ）决议

_____（ 成文时间 ）

_____，
_____。（ 介绍会议基本情况 ）

　　会议提出，_____，
_____
_____。

　　会议强调，_____，
_____
_____。

　　会议号召，_____，
_____
_____。

4.2.3　写作范本

　范本 1

××市人大常委会关于批准××市20××年财政决算的决议

（20××年×月×日市×届人大常委会第×次会议通过）

××市第×届人大常委会第×次会议听取了市财政局局长×××受市人民政府委托所作的《关于××市20××年财政决算的报告》。经过审查，同意市财政局局长×××受市人民政府委托所作的《关于××市20××年财政决算的报告》，决定批准××市20××年财政决算。

××市人民代表大会常务委员会

20××年×月×日

　范本 2

××县第×届人民代表大会第×次会议关于深入推进移风易俗工作的决议

（20××年×月×日××县第×届人民代表大会第×次会议通过）

××县第×届人民代表大会第×次会议，认真审议了县人民政府向大会提交的《关于在全县深入推进移风易俗工作的议案》。

会议认为，（略）。

会议指出，（略）。

会议强调，（略）。

会议要求，（略）。

会议号召，全县人民特别是人大代表、公职人员要带头践行社会主义核心价值观，主动做移风易俗的宣传者、践行者、引领者，齐心协力，共同参与，扎实推进移风易俗工作取得新成效，为建设"一强五好"××强县做出新的贡献！

4.3 决定的写作

4.3.1 写作常识

4.3.1.1 决定的概念

决定是对重要事项或重大行动作出决策或安排，并要求机关各部门和下级机关或有关单位贯彻执行的指令性公文。

决定适用于对重要事项作出决策和部署、奖惩有关单位和人员、变更或者撤销下级机关不适当的决定事项。

4.3.1.2 决定的特点

决定主要有表4-9所示的两大特点。

表4-9 决定的特点

序号	特点	具体说明
1	决策性	决定是领导机关对重要事项或者重大行动安排的决策，集中体现了领导机关的指挥意志、处置意图和政治倾向
2	制约性	决定的内容具有不可变更的确定性，下级机关必须遵照执行

4.3.1.3　决定的种类

根据具体用途和内容的不同，决定一般分为表4-10所示的两类。

表4-10　决定的种类

序号	类型	具体说明
1	知照性决定	知照性决定最突出的特点是除当事者（单位或个人）外，一般只要求下属单位和有关人员知道，不要求下属单位及有关人员承办和贯彻执行，有些决定在末尾有号召性语言，但没有执行的具体意见和要求，也属知照性决定。常用的知照性决定有表彰决定、处分决定、机构设置的决定、人事决定和具体事项的决定等。这些决定在写作方法上要求开门见山，直陈直述，篇段合一或只写两三个自然段；不分条目，篇幅简短，结构严谨，层次分明，文字精练，语言规范，表述准确
2	指挥性决定	指挥性决定最突出的特点是需下属单位和有关人员承办和坚决贯彻执行。常用的指挥性决定有规定性、规范性决定；指导性、指示性决定；处理问题的决定和重要行动的决定。指挥性决定一般篇幅较长，说理透彻，措施具体，也有篇幅简短的，均具有指令性和指导作用

4.3.1.4　决定的结构

决定的结构一般由标题、主送机关、正文、发文机关署名、日期和印章等组成，具体如表4-11所示。

表4-11　决定的结构

序号	组成	具体说明
1	标题	一般由"发文机关＋事由＋文种"构成
2	主送机关	即受令的单位，根据具体情况，有的命令需要写明主送机关，有的则不需要写这一项内容
3	正文	首先交代决定的背景、原因或者目的；其次，写决定的具体内容；最后写希望与要求
4	落款	一般由发文机关、印章和发文时间三部分构成。有些决定由会议通过，则把通过时间写在标题和正文之间，落款处不标时间

4.3.1.5　决定的写作要求

决定的写作要求如表4-12所示。

表4-12　决定的写作要求

序号	写作要求	具体说明
1	采用合适的结构形式	决定的结构形式取决于决定的内容，决定内容不同，其结构形式也就不一样，因此，要写好决定，首要的是确定决定的内容，然后采用与内容相适应的结构形式 （1）知照性的决定，由于是解决具体问题的，内容单一，文字简短，所以，大都是一气呵成，不分段落，多采用"篇段合一"的结构形式 （2）部署指挥性决定，主要是传达部署对某一具体重要工作或行动的决策意见，往往要首先交代一下决策的背景与依据，故要在篇头处作文字表达，然后再写决策的具体内容与要求，为了表达清楚和便于执行，多采用分条列项的方法，条与条之间是并列的逻辑关系 （3）法规政策性的结构形式基本有两种：一是"分部分"的结构形式，即把全文划分为几个大的层次，层次与层次并列，各自相对独立，涉及重大问题、确立大政方针的决定，大都采用这种结构；二是"分条列项"的结构形式，把全文分为若干条，一条为一个独立的意思，条下列项，与法律、法规的写法很相似，适用于规范人们社会行为一类的决定 （4）表彰或处分性决定，一般是采用"分列自然段"的写法，先用一段文字介绍被表彰或受处分对象的基本情况，再用一段或数段写明表彰或处分的依据，然后写表彰或处分的决定，并就此提出希望、要求或发出号召
2	掌握恰当的表达方式	写法规政策性、部署指挥性的决定，由于内容比较复杂，在表达方式上应当以说明为主，适当结合议论，说明文字用来表达决定的具体内容、事项与要求，而议论文字通常写于全文和每一部分、每一层次、每一段落之首，用来明确篇旨和段旨，起到亮明观点、点出主旨的作用。表彰或处分性决定，更多的是使用说明文字，议论性文字使用得偏少，只是在讲到事情的性质、意义或影响时才涉及议论文字
3	运用准确的语言词汇	撰写决定必须紧紧把握发文主旨和会议中心议题，做到行文简洁、用语准确。决定中的观点一定要鲜明，文字要严谨、精练和准确无歧义，切忌模棱两可、含糊不清和令人费解。语言表达重在统一思想认识，作出行动安排，提出行动要求，便于下级机关及群众遵照执行
4	选用客观真实的材料	决定中的材料包括理论依据和事实依据，这些材料一定要真实客观，具有可信度 （1）决定的内容一定要实事求是，符合实际情况，切不可凭杜撰和空想来罗列材料 （2）决定的内容，必须符合党和国家的方针、政策、法律、法规或组织章程，不能出现违反现行法律法规和政策的内容 （3）决定一定要注意到政策的连续性，新的决定应该是过去同类文件的继续和发展，要能够对社会发展和社会进步等起到促进作用

续表

序号	写作要求	具体说明
5	规范文体的适用	决定是权威性较强的文种，因此，在使用中一定要规范。要避免小题大做，人为地强调某件事的重要性，滥用"决定"行文，把本来一般事项或行动升格为重要事项或行动，失去了公文的严肃性。要避免随意误用，把本来可以用"通报"表扬、批评的事项写进"决定"；只有在有关法规、规章及条例、条令中有明确规定的奖惩事项，才可用"决定"行文，此外，一般的表扬先进、批评错误用"通报"

相关
链接

决定与决议的异同

一、决议与决定的相同点

决议和决定都是对重大事项或行动做出决策安排的指挥性下行公文。它们的相同点体现在以下4个方面。

1.文体性质相同

决议是党政机关对重要问题或重大事项进行决策部署时使用的领导指导性公文；决定是各级党政机关安排重要事项，或对重要问题、重大行动进行决策部署时使用的具体规定性和领导指导性的公文。决议与决定同属决策性、领导指导性公文。

2.具体作用相同

决议与决定都是对某些重要事项、重要问题的处理或对重要工作的安排，一般都要求下级机关坚决贯彻执行。其中，决议一律要求下级机关执行，而决定中只有部署性决定才要求下级机关执行，宣告性决定只起知照性作用，一般不要求下级机关执行。但是，两者都带有决策性质，并具有一定的强制性，一经公布，必须坚决贯彻执行。

3.行文方向相同

决议与决定一样，都是公文种类中比较典型的下行公文。上级党政领导机关一旦对某些带有全局性的重要事项、重要问题做出处理或对一些重要工作、重大行动做出部署安排，就要及时向下级发文，并要求贯彻执行，起到领导、指导作用。

4.写作模式相同

决议与决定的写作模式基本相同。两者的标题拟写与其他公文一样，即在标题之下标明题注，注明会议通过的时间和会议名称。标题之下正文之前一般不写主送机关。两者的正文一般由缘由、事项和结语三部分构成，可视内容多少采用篇段合一式、分条列项式、自然分段式、总分式等结构形式。

二、决议与决定的相异点

1.制作程序不同

决议所要贯彻的决策事项是会议集体讨论通过的；决定是会议集体讨论并按照法定程序表决的结果，有的是由领导机关直接做出的。

2.性质用途不同

决议经常用于由会议审议批准某项议案、重要报告、法规以及审议机构成立或撤销，所审议批准的条文作为决议的附件；决定则常用于由会议或领导机关直接制定发布的行政法规以及给予表彰奖励或处分。

3.使用范围不同

决议比决定的使用范围相应小一些，决议一般由会议讨论通过并正式公布，而且决议涉及的事项一般是比较重大的；决定的使用范围比较宽泛，决定不限于会议通过的，也可以是某个单位、某个组织或者某个人确定的，决定的内容可以是重大的事项，也可以是普通的事项，其可直接告知相关人员，不一定公布。

4.类型划分不同

决定可分为指挥性决定、奖惩性决定和知照性决定三类；决议可分为批准文件的决议、重大问题的决议和专门问题的决议。

5.写作要求不同

决议内容比较概括，原则性条文多，常涉及事关全局、原则性强的重大问题，以指导为主，议论较多；决定着重提出开展某项工作的步骤、措施、要求等，决定内容要明确、具体，措施要易于落实，行政约束力要强，可以直接作为下级机关的行动准则。

4.3.2　写作模板

_____（发文机关、事由）决定

为了_____（决定的依据），
特做如下决定_____
_____
_____（决定的事项）。
本决定自_____（日期）起执行。

_____（发文机关、公章）
_____（发文时间）

4.3.3　写作范本

　范本1

××市人民政府关于取消和下放一批行政执法职权的决定

各区人民政府，市政府各委、办、局，各市属机构：

根据《中华人民共和国行政处罚法》《中华人民共和国行政强制法》及《××市街道办事处条例》等相关法律法规规定，为做好《中华人民共和国固体废物污染环境防治法》《××市生活垃圾管理条例》《××市物业管理条例》等相关法律法规规章制定、修改或废止后，相关行政执法职权的执行与衔接，市政府决定取消和下放一批行政执法职权。

一、取消19项行政执法职权

自本决定发布之日起，取消下列行政处罚权。

（一）原由街道办事处和乡镇人民政府行使的生活垃圾管理、垃圾渣土管理、禁止车辆运输泄漏遗撒、食品安全管理方面的12项行政处罚权。

（二）原由区城管执法部门和街道办事处、乡镇人民政府行使的燃气管理方面的7项行政处罚权。

二、下放21项行政执法职权的行使层级

自20××年×月×日起，将原由城管执法部门行使的固体废物污染环境防治、生活垃圾管理、物业管理、燃气管理、建筑垃圾处置管理方面的18项行政处罚权、3项行政强制权下放至街道办事处和乡镇人民政府并以其名义相对集中行使。

三、工作要求

（一）各区政府、市有关部门要高度重视，抓紧做好此次取消和下放行政执法职权的落实和衔接工作，进一步细化配套措施。对于不再进行行政处罚的，要坚决取消；对于因法规规章废止，相关违法行为依据其他法规规章处罚的，要做好衔接；对于行政处罚权合并的，要加强指导。

（二）街道办事处、乡镇人民政府和区有关部门要在各自权限内行使行政执法职权。下放至街道办事处、乡镇人民政府的行政执法职权，需要在特定区域调整管辖的，按有关规定执行。

（三）在行政执法职权的下放及划转衔接工作中，涉及职权划转、案件交接等方面工作，按照《××市人民政府办公厅关于印发〈机构改革期间行政执法工作衔接规则〉的通知》有关要求执行。

（四）因法律法规规章变更，需要对已下放行政执法职权清单内的事项进行名称变更、事项合并、权限划分调整的，按照权力清单动态管理相关规定执行，市政府不再另行作出决定。

（五）涉及基层综合执法队伍建设、基层综合执法相关管理制度、基层综合执法协调配合机制等方面工作，按照《××市人民政府关于向街道办事处和乡镇人民政府下放部分行政执法职权并实行综合执法的决定》执行。

　　附件：1.取消的行政执法职权目录
　　　　　2.下放的行政执法职权目录

××市人民政府

20××年×月×日

 范本2

关于表彰20××年度先进单位和优秀个人的决定

各党组织、村（社区）委会，企事业单位，驻村工作队，机关各部门：

今年来，我镇以新时代中国特色社会主义思想为指导，深入学习贯彻党的十九大和十九届二中、三中、四中全会精神，扎实开展"不忘初心、牢记使命"主题教育，持续推进"两学一做"学习教育常态化制度化，以党建为引领，围绕中央关于"粤港澳大湾区"建设，支持深圳建设先行示范区，省委"一核一带一区"战略部署，市委"两个××"建设及县委"12345"发展新思路，努力工作，出色地完成了各项工作目标任务，实现了全镇经济社会全面协调发展。

为激励先进、树立典型，镇委、镇政府决定，对全镇在20××年度经济社会工作中做出优异成绩的××村党总支部等22个先进单位和×××等108名优秀个人予以表彰。

希望受表彰的单位和个人再接再厉、锐意进取，以更加坚强的党性、更加过硬的作风、更加振奋的精神，在推进我镇经济社会发展中再创佳绩。同时，希望各村各单位和全体干部以先进为榜样，虚心向先进学习，努力向先进看齐，不忘初心、牢记使命，提振精神、扎实工作，为全面推动我镇的××××工作及推进全镇经济社会高质量发展作出更大的贡献。

附件：××镇20××年度先进单位和优秀个人表彰名册

中共××县××镇委员会

××县××镇人民政府

20××年×月×日

××市人民代表大会常务委员会关于加强国有资产管理情况监督的决定

（20××年×月×日××市第×届人民代表大会常务委员会第×次会议通过）

为进一步加强本市国有资产管理情况的监督，促进国有资产治理体系和治理能力现代化，更好地发挥国有资产在服务经济社会发展、保障和改善民生、保护生态环境、保障国家机关和事业单位节约高效履职等方面的作用，根据《中华人民共和国各级人民代表大会常务委员会监督法》《全国人民代表大会常务委员会关于加强国有资产管理情况监督的决定》和有关法律、行政法规，结合本市实际，作如下决定。

一、市人大常委会按照党中央和市委关于国有资产管理和治理的决策部署，聚焦监督政府管理国有资产的情况，坚持依法监督、正确监督，坚持全口径、全覆盖，坚持问题导向，依法、全面、有效履行国有资产监督职责。

市人大常委会每年听取和审议市人民政府关于国有资产管理情况的报告，综合运用执法检查、询问、质询、特定问题调查等法定监督方式，履行人大国有资产监督职责。市人大常委会制定国有资产监督工作五年规划对届内国有资产监督工作作出统筹安排，制定年度监督工作计划予以具体实施。

（略）。

十一、本决定自20××年×月×日起施行。

4.4　公报的写作

4.4.1　写作常识

4.4.1.1　公报的概念

公报是党政机关和人民团体公开发布重大事件或重要决定事项的报道性公文，是党和国家经常使用的重要文种。

公报适用于公布重要决定或者重大事项。

4.4.1.2　公报的特点

公报具有权威性、指导性和新闻性的特点。

4.4.1.3　公报的分类

公报按发文内容，可分为表4-13所示的3类。

表4-13　公报的分类

序号	类型	具体说明
1	会议公报	发布党的重要会议的基本情况及重要决定事项，如《中国共产党第十九届中央纪律检查委员会第五次全体会议公报》
2	外交公报	两个或两个以上国家的政府在会谈后公布达成的共识及各方观点的公报，如《中俄总理第五次定期会晤联合公报》
3	统计公报	发布统计数据，如《2020年全国教育事业发展统计公报》

4.4.1.4　公报的结构

公报由首部、成文时间、正文三部分组成，如表4-14所示。

4.4.1.5　公报的写作要求

公报的写作要求如表4-15所示。

表4-14 公报的组成

序号	组成	具体说明
1	首部	公报的标题有3种常见的形式 （1）会议公报的标题一般为"会议名称+文种"组成 （2）外交公报的标题一般为"国名+联合公报"，或"政府名称+事由+联合公报"，或"会议名称+新闻公报"等形式组成 （3）统计公报的标题一般为"内容（时间+范围+事项）+文种"组成
2	成文时间	（1）会议公报、外交公报的成文日期一般用括号标注于标题下方 （2）统计公报一般在标题下方署上发文机关名称和成文日期
3	正文	（1）会议公报的正文一般包括会议的基本情况与会议议定事项两部分 （2）外交公报的正文主体部分先写明会晤的基本情况；再写明双方达成的共识及各方观点；结尾处感谢接待方并发出回访邀请；请来访者转达对其国家元首的问候；商定下次会晤时间；说明公报文本的文字及份数等 （3）统计公报的正文一般包括数据产生的背景和来源、各方面数据等内容

表4-15 公报的写作要求

序号	写作要求	具体说明
1	文种使用恰当	公报是党和国家的高级机关用来公布重大事件、重要会议、重要消息和重要决策的，或是国家统计部门用以公布社会发展和国民经济的重要情况的，其他的很少使用公报
2	主旨明确	公报要做到重点明确、主旨突出，把写作重点放在对事件的陈述和观点的阐述上
3	用语精练	公报作为党和国家高级管理机关使用的公文，用语一定要准确，具有概括性

4.4.2 写作模板

_____（会议名称／发文机关、事由）公报

_____（成文日期）

_____。（会议、事件的核心内容）

_____

_____

_____

_____。（公报的事项）

_____

4.4.3　写作范本

 范本1

中国共产党××州第×届委员会第×次全体会议公报

（20××年×月×日中国共产党××州第×届
委员会第×次全体会议通过）

中国共产党××州第×届委员会第×次全体会议，于20××年×月×日在××举行。

出席全会的有，州委委员46人，候补州委委员5人。州纪委常委、州监委委员和有关方面负责同志列席会议。州第十一次党代会代表中部分基层同志也列席会议。

全会由州委常委会主持。州委书记××作了讲话。

全会听取和讨论了××代表州委常委会作的工作报告，审议通过了《中共××州委关于深入推进创新驱动引领高质量发展的决定》《中共××州委×届×次全体会议关于召开中国共产党××州第×次代表大会的决议》。××就《决定（讨论稿）》《决议（讨论稿）》向全会作了说明。

全会充分肯定州委十一届十次全会以来州委常委会的工作，（略）。

全会提出，（略）。

全会强调，（略）。

全会决定，今年×月召开中国共产党××州第×次代表大会。

全会号召，（略）。

 **范本2**

××市20××年国民经济和社会发展统计公报

××市统计局　国家统计局　××调查队
20××年×月×日

20××年，面对严峻复杂的国际、国内形势，深圳坚持以新时代中国特色社会主义思想为指导，全面贯彻党的十九大和十九届二中、三中、四中、五中全会精神，深入贯彻落实总书记出席深圳经济特区建立40周年庆祝大会和视察广东、深圳重要讲话、重要指示精神，落实省委省政府工作部署，坚持稳中求进工作总基调，坚定不移贯彻新发展理念，扎实推进粤港澳大湾区、中国特色社会主义先行示范区建设，全市经济社会保持平稳健康发展，"十三五"规划主要目标任务顺利完成，高质量发展迈出新步伐，为开启全面建设社会主义现代化国家新征程奠定坚实基础。

一、综合
（略）。

二、农业
（略）。

三、工业和建筑业
（略）。

四、服务业
（略）。

五、固定资产投资
（略）。

六、国内贸易
（略）。

七、对外经济
（略）。

八、金融

（略）。

九、人民生活和社会保障

（略）。

十、教育和科学技术

（略）。

十一、文化、旅游、卫生和体育

（略）。

十二、城市环境和安全生产

（略）。

4.5　公告的写作

4.5.1　写作常识

4.5.1.1　公告的概念

公告是行政公文的主要文种之一，它和通告都属于发布范围广泛的晓谕性文种。公告是向国内外宣布重要事项或者法定事项时使用的公文。

4.5.1.2　公告的特点

公告具有表4-16所示的四大特点。

4.5.1.3　公告的分类

公告按其用途的不同，可分为表4-17所示的两类。

表4-16　公告的特点

序号	特点	具体说明
1	发文权力的限制性	由于公告宣布的是重大事项和法定事项，发文的权力被限制在高层行政机关及其职能部门的范围之内，企事业单位、人民团体无权发布公告
2	发布范围的广泛性	公告是向国内外发布重要事项和法定事项的公文，其信息传达范围有时是全国，有时是全世界
3	题材的重大性	公告的题材必须是能在国际或国内产生一定影响的重要事项，或者依法必须向社会公布的法定事项
4	内容和传播方式的新闻性	公告的发布形式也有新闻性特征，它一般不用红头文件的方式传播，而是借助报刊、电视、网络等媒体迅速传播

表4-17　公告的分类

序号	类型	具体说明
1	重要事项公告	凡是用来宣布有关国家政治、经济、军事、科技、教育、人事、外交等方面重要事项的公告，都属于这一类
2	法定事项公告	包括公布有关法律、法令、法规的公告和按照国家一系列法律规定需要向社会发布的公告 按照国家法律规定需要向社会发布的公告，主要有以下4项： （1）《中华人民共和国专利法》第39条规定："发明专利申请经实质审查没有发现驳回理由的，由国务院专利行政部门作出授予发明专利权的决定，发给发明专利证书，同时予以登记和公告" （2）《中华人民共和国企业破产法》第14条规定："人民法院应当自裁定受理破产申请之日起二十五日内通知已知债权人，并予以公告" （3）《中华人民共和国公务员法》第28条规定："录用公务员，应当发布招考公告" （4）《中华人民共和国民事诉讼法》规定发布的公告种类繁多，有通知权利人登记公告、送达公告、开庭公告、宣告失踪和死亡公告、财产认领公告、强制迁出房屋或退出土地公告等

4.5.1.4　公告的结构

公告一般由标题、编号、正文、落款4部分组成，如表4-18所示。

4.5.1.5　公告的写作要求

公告的写作要求如表4-19所示。

表4-18　公告的组成

序号	组成	具体说明
1	标题	标题一般有以下3种形式 （1）由"发文机关+事由+文种"构成，如《中国人民银行关于国家货币出入境限额的公告》 （2）由"发文机关+文种"构成，如《国家税务总局公告》 （3）由"事由+文种"构成，如《关于试鸣防空防灾音响警报的公告》
2	编号	公告的编号有以下4种形式： （1）编号采用流水号，并用圆括号标注，如：（第×号） （2）编号由年份与流水号组成，并用圆括号标注，如：（20××年×号） （3）采用行政公文发文字号，其前提条件是，该公告采用正式行政公文下发形式，如：×政发〔20××〕×号 （4）无编号，这往往用于刊登或张贴的部分公告
3	正文	一般要写明公告的依据、公告的事项和结语三个内容；若公告事项较复杂，则应分项列点行文；公告的结语常用"现予公告"或"特此公告"等惯用语
4	落款	要求写出发布机关的名称和年、月、日，如果机关名称已在标题中出现，在落款处也可不写，只写年、月、日或年、月、日写在标题的下方、正文的上方

表4-19　公告的写作要求

序号	写作要求	具体说明
1	文种使用规范	有权向国外发布重要事项的只能是国家最高权力机关和国家最高行政机关。只有向国内外宣布重大事件时才用公告，重要程度稍小的事件，可用通告、布告、通知、启示、海报等形式来公开宣布
2	语言精练	基本要求是文字简练，直陈其事，不加说明；篇幅一般都很简短，要求客观地把重大事件的主要点公之于众即可，无须详述其细节
3	一事一告	公告的内容要求集中，公告的事项要求单纯，一事一告

4.5.2　写作模板

_____（发文机关、事由）公告

　　根据_____（公告的依据），公告如下。

_____

_____

_____。（公告的事项）

特此公告。

_____（发文机关名称）

_____（公告日期）

4.5.3 写作范本

 **范本1**

关于宣布失效一批××部文件的公告

××〔20××〕×号

为进一步推进简政放权、放管结合、优化服务改革，促进大众创业、万众创新，激发市场活力和社会创造力，加快建设法治政府，××部对本部门印发的文件进行了清理。

经过清理，××部决定，对与现行法律法规不一致、已被新规定涵盖或者替代、调整对象已消失、工作任务已完成或者适用期已过的55件××部文件宣布失效（其中5件因涉密等按规定另行通知）。凡宣布失效的××部文件，自本公告之日起一律停止执行，不再作为行政管理的依据。

特此公告。

附件：决定失效的文件目录

××部

20××年×月×日

 范本2

财物认领公告

　　20××年×月×日，我局执法人员根据群众举报，依法对××市××区××镇××街××号××香油坊进行检查，现场发现该油坊未取得《营业执照》《××省食品加工小作坊登记证》加工销售花生油，我局执法人员依法对生产经营的设备及生产原料等物品采取扣押行政强制措施。

　　经调查，本局多方查找无法确定上述财物的所有人，现根据《市场监督管理行政处罚程序暂行规定》第三十九条第三款、第七十四条第五项的规定予以公告，自公告之日起经过六十日，即视为送达。请上述财物的权利人或权利相关人在规定期限内到××市××区市场监督管理局认领。逾期仍无人认领上述财物，本局将依法处理。

　　特此公告。

××市××区市场监督管理局

20××年×月×日

4.6　通告的写作

4.6.1　写作常识

4.6.1.1　通告的概念

　　通告，是适用于在一定范围内公布应当遵守或者周知事项的周知性公文。通告的使用面比较广泛，一般机关、企事业单位甚至临时性机构都可使用，但强制性的通告必须依法发布，其限定范围不能超过发文机关的权限。

通告适用于在一定范围内公布应当遵守或者周知的事项。

4.6.1.2 通告的特点

通告具有表4-20所示的特点。

表4-20 通告的特点

序号	特点	具体说明
1	公开性	通告以向社会公开发布的形式来实现让社会有关单位或人员知晓其事项为目的
2	知照性	通告的目的就是要求有关人员知晓通告内容或遵守执行其有关事项
3	规定性	通告的规定性，即祈使性，表现在有的通告不仅仅在于让公众了解情况，还要求遵守有关规定
4	紧迫性	通告有时限定生效和失效时间，因而具有时限性，故常需借助大众媒体为其迅速传播

4.6.1.3 通告的分类

根据内容性质和要求，通告可分如表4-21所示的两类。

表4-21 通告的分类

序号	类型	具体说明
1	周知性（事务性）通告	即在一定范围内公布需要周知或需要办理的事项，政府机关、社会团体、企事业单位均可使用，如建设征地通告、更换证件通告、施工通告等
2	规定性（制约性）通告	用于公布应当遵守的事项，只限行政机关使用，如《关于禁止燃放烟花爆竹的通告》

4.6.1.4 通告的结构

通告一般由标题、发文字号、正文、署名和成文日期组成，如表4-22所示。

表4-22 通告的组成

序号	组成	具体说明
1	标题	通告标题有4种表达形式，可根据实际选择一种 （1）由"发文机关+事由+文种"构成，如《深圳市建设局关于对建筑企业进行资格年审的通告》

续表

序号	组成	具体说明
1	标题	（2）由"事由+文种"构成，如《关于确保重阳节登高活动安全的通告》 （3）由"发文机关+文种"构成，如《中华人民共和国公安部通告》 （4）只用"通告"文种的，这样的通告，正文一般较简短
2	发文字号	印刷张贴的通告的发文字号标注在标题之下，一般靠右；登报的不一定在报上登出发文字号，但存档中一定要编发文字号
3	正文	通告正文一般分缘由、事项和结尾三层写 （1）缘由：扼要写明原因、依据和目的等 （2）事项：写明通告的具体内容，内容较多或较复杂时最好分点写 （3）结尾：若有具体要求，则写出具体要求；若没有具体要求，通常用"特此通告"来作结，也可省写结语
4	署名	标题上若出现了发文机关名称，可不再落款；若标题上没有出现发文机关名称，则应落款
5	成文日期	用阿拉伯数字写年、月、日

4.6.1.5　通告的写作要求

通告的写作要求如表4-23所示。

表4-23　通告的写作要求

序号	写作要求	具体说明
1	一事一告	通告的内容限于说一件事或一个问题，不要把性质不同的事放在一起
2	语言简洁	通告的语言运用要注意通俗简洁、明白晓畅，以便于公众接受

相关
链接

公告与通告的使用区别

通告与公告二者都有告知性，但又有使用上的严格区别，其主要表现如下。

1.发布机关不同

（1）公告一般是由较高级别的机关单位制发。公告的发布权力被限制在高层行政机关及其职能部门的范围之内，即国家最高权力机关；国家最高行政机关及其所属部门；各省市、自治区、直辖市行政领导机关；某些法定机关（税务局、铁路局、人民银行、检察院、法院等）。其他地方行政机关、党团组织、社会团体、企事业单位一般不能使用公告。

（2）通告可以由各级机关、人民团体、企事业单位制发。

2.发布内容不同

（1）公告的所谓"重要事项"，是指能在国内外产生重大影响的事项。如向国内外宣布中国人民解放军将在东海和南海海空实弹演习；向国内外宣布我国将向南太平洋发射运载火箭试验；招考机关工作人员和国家公务员等事项。

公告的所谓"法定事项"，是指按法律程序批准确定的重大事项。如××市人大常务委员会发布的确认补选×××、×××为人大代表的公告。

（2）通告涉及的内容是"应当遵守或周知的事项"，这些事项通常是各级机关单位业务范围内的事项，但告知的对象是机关单位以外的广大群众。如《××省卫生厅关于积极预防传染病的通告》《××市公安局在春节花市期间对市内部分路段实行交通管制的通告》等，都是发文机关的业务工作，而受众是广大人民群众。

另外，通告发布的政策法规一般也是属于具体性的、局部性的问题。如《××省人民政府关于禁毒的通告》。

3.告知范围不同

公告是面向国内外发布，而通告是在相关范围内公布。

4.6.2 写作模板

_____（会议名称 / 发文机关、事由）公报

_____（成文日期）

_____。（会议、事件的核心内容）

_____

_____

_____。（公报的事项）

4.6.3　写作范本

 范本 1

××市××区人民政府关于划定禁止燃放烟花爆竹区域的通告

为严防因燃放烟花爆竹引发各类安全事故及空气、噪音污染，切实维护我区公共安全和人民群众的人身、财产安全，依据《烟花爆竹安全管理条例》《××市烟花爆竹安全管理规定》，结合我区实际，区政府决定划定禁止燃放烟花爆竹区域。现将有关事项通告如下。

一、《××市烟花爆竹安全管理规定》已明确我区禁止燃放烟花爆竹区域（以下简称市划定区域）如下。

××周边下列村（社区）：××村、××村、××村、××村、××村、××社区、××社区等。

二、除市划定区域外的本区其他区域（以下简称区划定区域），禁止燃放烟花爆竹。

三、本区管辖范围内，因重大节日、庆祝、庆典以及其他重要活动，确需举办焰火晚会以及其他大型焰火燃放活动的，由主办单位依法按照分级管理规定，向公安机关办理审批手续，在指定的时间、地点燃放。

（一）属市划定区域范围的，主办单位向市公安局申请。

（二）属区划定区域范围的，主办单位向市公安局××区分局申请。

四、违反本通告规定，未经批准在禁燃区域燃放烟花爆竹的，或者不遵守安全燃放要求的，由公安机关依照《烟花爆竹安全管理条例》等有关规定处罚。构成犯罪的，依法追究刑事责任。

五、本通告自20××年×月×日起施行，有效期×年。

××市××区人民政府

20××年×月×日

 **范本2**

关于××路等3条道路开通的通告

经建设单位申报，××路等3条道路已符合通车要求，将于近期开通运行。为确保开通后的道路交通有序、安全和畅通，公安机关交通管理部门根据《中华人民共和国道路交通安全法》有关规定，现将开通事项通告如下。

一、××区的××路（××路至××路），××区的××街（××路至××路）、××路（××路至××街）于20××年×月×日开通。

二、上述道路开通后，涉及货车等车辆的通行组织，按照××市公安局《关于调整市区过境道路和部分交通管理措施的通告》《关于调整××市区过境交通的通告》等规定施行。

请过往机动车驾驶人注意交通信号灯、标志、标线提示，并服从现场民警和管理人员的指挥。

特此通告。

××市公安局交通警察局

20××年×月×日

4.7 意见的写作

4.7.1 写作常识

4.7.1.1 意见的概念

意见是党政机关或个人对某项事业或工作提出改进措施和建设性意见而使用的

一种公文，它使用的范围非常广泛，不论哪个领域或哪个部门以及个人要提出或陈述建议与设想，都可以使用。

意见适用于对重要问题提出见解和处理办法。

4.7.1.2 意见的特点

从字面上理解，意见多代表个人主观意念上对客观事件或人物的见解，带有较为强烈的主观意愿和色彩，但意见并不代表建议，通常只表达自己的观点。要想将意见落到实处，我们还需要从实际情况出发进行进一步的规划和整理。

意见的特点具体如表4-24所示。

表4-24 意见的特点

序号	特点	具体说明
1	灵活性	意见的行文方向具有灵活性，既可以作为上行文，也可以作为下行文和平行文
2	广泛性	意见广泛适用于各级行政机关、企事业单位和人民团体，它对行文机关没有限制
3	指示性和参考性	下行文的意见具有指示、指挥、指导的性质和功能，而上行文和平行文的意见具有参考和协商的功能
4	时限性和连续性	一个问题解决了，一项工作完成了，有关意见也就自动失效；有的问题、工作、活动是长期的，有关意见的时效期就会很长，而且还可以陆续出台补充意见或修改意见

4.7.1.3 意见的分类

意见按行文顺序的不同可分为表4-25所示的3类。

表4-25 意见的分类

序号	类型	具体说明
1	下行意见	是上级机关着眼全局，对重要问题提出见解和处理办法，供下级机关更好理解落实，采取得力措施去贯彻执行的行文，主要有以下3种类型 （1）规划性意见：是对某一时期的某一方面的工作提出的大体构想，如《民营科技园区发展意见》《茶产业发展意见》 （2）实施意见：一般是为贯彻落实某一重要决定或中心工作所制定的实施方案，如《促进节约集约用地实施意见》《城区拆违工作实施意见》 （3）具体工作意见：对如何做好某项工作提出意见，所涉及的内容比较具体，有时还会有一些可操作性的办法、措施等，如《关于继续做好公路养路费等交通规费征收工作的意见》《对副科级干部的考察意见》

续表

序号	类型	具体说明
2	上行意见	是下级机关向上级机关就某重要问题发表自己的见解或提出处理问题的办法，以供上级机关决策参考，如《关于节约使用办公用品爱护办公用具的意见》《关于××省国家公务员医疗补助的实施意见》
3	平行意见	就平级机关或不相属机关某重要问题提出建设性意见和可行性处理办法的行文，仅供对方参考，如《××省人民政府办公厅关于加强××江近期防洪建设若干意见修改的意见》

4.7.1.4　意见的结构

意见一般由标题、主送机关、正文、落款4部分组成，如表4-26所示。

表4-26　意见的组成

序号	组成	具体说明
1	标题	意见的标题通常有两种写法 （1）由"发文机关+事由+文种"构成，如《国务院关于解决农民工问题的若干意见》 （2）由"事由+文种"构成，如《关于加强教学管理提高教学质量的意见》
2	主送机关	意见的主送机关为应知照的单位或群体，如果涉及面较广的普发性意见，可以不写主送机关
3	正文	一般由前言、主体、结尾3部分组成 （1）前言：写明发文原因，一般是交代提出意见的背景、依据、目的、意义等，陈述"为何提意见"或"为什么发布实施意见"等，然后常用"现提出如下意见""特制定本处理方法""现提出如下实施意见"等过渡语，转入主体部分 （2）主体：阐述见解办法，见解办法是意见的核心部分，主要是对有关问题阐明观点、表明态度，提出相关的见解、建议，或规范性的解决办法 （3）结尾：提出希望、要求，如果是报请上级批转或转发的意见，结尾要另起一行，并以"以上意见如无不妥，请批转各地区、各部门执行"做结尾用语
4	落款	即写明发文机关和发文时间

4.7.1.5　意见的写作要求

意见的写作要求如表4-27所示。

表4-27　意见的写作要求

序号	写作要求	具体说明
1	明确使用情境	为了准确使用意见，就要把握意见的涵义，把与其近似的请示、指示、指示性的通知及函严格区别开来
2	用语要恰当	由于"意见"的行文方向不同，其用语也截然不同 （1）上行的"意见"，要使用下级对上级汇报见解、陈述办法的语气，如"我们考虑""我们认为""我们建议""我们要求""我们意见"及"请""敬""望"等 （2）下行的"意见"，则较多使用一些带有祈使语气表示肯定，或带有禁止语气以示否定的指令性语气 （3）平行的"意见"，要使用平等协商的语气，多用商量、谦恭的语句，以争得对方的理解与支持
3	行文要及时、具体	意见多属根据实际情况为解决现实工作中亟待解决的问题而提出来的，因此，意见行文的及时性对意见的价值具有重要的影响，错过了时机，再好、再恰如其分的意见也会失去其应有的作用和意义 　所谓具体，就是结合实际、切实可行，从实际出发，实事求是，要恰如其分。意见的提出既要根据实际需要，又要考虑可能性
4	把握行文结构	可采用"提出——分析——解决"问题的方式，意见写作要层层深入、环环相扣、脉络清晰、表达清楚

相关链接

意见与其他文种的区别

1.下行意见不同于决议、决定

（1）决议具有决策性，决定具有指挥性，而意见只具有指导性。

（2）决议、决定所形成的决策、指令等，下级行政机关必须不折不扣地无条件执行。而意见则不同，要求下级行政机关结合本部门、本地区的实际参照执行。

（3）决议、决定重在宏观指挥，意见则重在微观指导，是对某项具体工作的实施安排和处理办法。

2.下行意见不同于指挥性"通知"

（1）指挥性通知务实性强，此类通知主要用于传达要求下级具体要办理的或共同执行的事项，一般要求较具体、可操作性强。而意见则带有"务虚性"，侧重思想性、原则性。

（2）指挥性通知具有很强的指导性、决定性、不可更改性，其内容要求办理和执行。而意见则具有弹性，因为往往针对出现的新情况、新问题提出"意见"，由于经验尚不足、条件尚不成熟，故其内容具有指导性、选择性、灵活性。

（3）指挥性通知必须执行、办理，具有很强的约束力，而对于意见，下级机关则可以根据实际情况和政策允许，独立自主、灵活机动地加以运用。

3.上行意见不同于"请示"

（1）请示的请求性较强，有些请示主要就是交代请示的理由和请示的事项，而意见则主观能动性较强，可以针对具体事项、问题提出具体的看法或主导意见，留有让上级选择的余地。

（2）请示适用于对解决一般问题的方法和途径提出请求，是要人、财、物等"硬件"，上级单位一般只需就"是"与"否"作出选择。而意见适用于对重要问题提出自己的见解和处理办法，向上级要的不是人、财、物等"硬件"，而是政策、办法等"软件"。

（3）请示必须一文一事，一事一中心，而意见则可以用于涉及面广、关系到方方面面需要解决的问题或需要向有关部门、单位请求配合、协调。

4.平行意见不同于"函"

平级或不相属机关之间相互行文，对涉及某一些重要问题所提的见解和处理办法，如属供对方参考不需要回复时，就用"意见"，反之，就用"函"。

4.7.2　写作模板

_____（发文机关、事由）意见

_____（主送机关）：

根据_____（发表意见的背景、缘由、目的等），现提出以下意见。

一、_____
_____
_____
_____。（阐明工作或问题的意义）

二、_____

_____

_____

_____。（提出目标任务、具体措施或阐明意见看法）

_____

_____。（提出要求、期望）

_____（发文机关）

_____（发文时间）

4.7.3　写作范本

范本1

××省人民防空办公室关于城市新建民用建筑修建防空地下室的意见

省人民政府：

为加强人民防空建设，进一步规范新建民用建筑修建防空地下室工作，根据《人民防空法》《××省实施〈人民防空法〉办法》和国家有关规定，现就我省城市新建民用建筑修建防空地下室问题提出如下意见。

一、城市新建民用建筑修建防空地下室标准

（略）。

二、易地建设和易地建设收费标准

（略）。

以上意见如无不妥，请批转各地、各有关部门执行。

××省人民防空办公室

20××年×月×日

 范本2

××人民政府办公室关于推动涉企政策更好落地落实的意见

各县（市、区）人民政府，各市属开发区管委会，市政府各部门、各直属事业单位，市属各大企业，各高等院校，中央、省驻滨各单位：

为进一步完善涉企政策落实工作机制，不断增强企业家获得感和满意度，全力营造让企业和企业家舒服的营商环境，结合我市实际，经市政府同意，制定本意见。

第一条 （略）。

第二条 （略）。

第三条 （略）。

第四条 （略）。

第五条 （略）。

第六条 （略）。

第七条 （略）。

第八条 （略）。

第九条 本意见适用于市级层面涉企政策制定，各县（市、区）参照执行。

第十条 本意见自发布之日起施行。

××市人民政府办公室

20××年×月×日

 范本3

关于××市区养老保险关系互转的实施意见

××区、××区人民政府，××经济技术开发区管委会，市区各有关单位：

根据省、市有关文件规定，经市政府同意，对市区养老保险关系互转提出如下实施意见。

　　一、被征地农民转职工基本养老保险

　　（略）。

　　二、城乡居民社会养老保险转职工基本养老保险

　　（略）。

　　三、以往规定与本文相抵触的以本文为准

　　（略）。

××市人力资源和社会保障局

×　×　市　财　政　局

20××年×月×日

4.8　通知的写作

4.8.1　写作常识

4.8.1.1　通知的概念

　　通知，是运用广泛的知照性公文，用来发布法规、规章，转发上级机关、同级机关和不相隶属机关的公文，批转下级机关的公文，要求下级机关办理某项事务等。

　　通知适用于发布、传达要求下级机关执行和有关单位周知或者执行的事项，批转、转发公文。

4.8.1.2　通知的特点

　　通知具有表4-28所示的特点。

表4-28 通知的特点

序号	特点	具体说明
1	应用的广泛性	通知可以用来指导工作、转发公文、传达有关事项、知照情况及任免人员等,其应用性相当广泛
2	法定的权威性	通知的精神,往往是国家的政策、法令的具体化,要求下级机关和有关人员贯彻执行和实施,因此有较强的权威性
3	对象的专指性	通知大多是专门针对特定机关和特定人员发的,因此具有专指性特点,不像公告、通告那样具有泛指性

4.8.1.3 通知的分类

通知可分为表4-29所示的类型。

表4-29 通知的分类

序号	类型	具体说明
1	转发通知	用于"批转"或"转发"公文的通知,此类通知又分"批转"和"转发"两种 (1)批转通知,批转下级机关文件,要求有关单位执行或参照执行的通知 (2)转发通知,将上级机关或不相隶属机关的文件转发给下级机关的通知
2	印发通知	指将本机关有关规章、会议文件和领导讲话等发给下级机关的通知
3	部署通知	即传达要求下级机关办理事项的通知
4	知照通知	指传达需要有关单位和人员周知或执行事项的通知
5	任免通知	用于任免和聘用干部的通知
6	会议通知	这类通知是由会议的主办单位向应该参加会议的下属或有关单位发出的,告知参加会议的有关事项

4.8.1.4 通知的结构

通知由标题、主送机关、正文、署名、日期等5部分组成,具体如表4-30所示。

表4-30 通知的组成

序号	组成	具体说明
1	标题	多用"发文机关+事由+文种"和"事由+文种"两种形式。转发、印发通知的标题在"事由"中,根据实际情况,出现"批转"或"转发"或"印发"等显示其性质的字样,且只许保留一个"关于"与"通知",

序号	组成	具体说明
1	标题	以保证标题的简明。若是多层转发，则可省去中间桥梁单位的转发，直接写本机关转发发文机关的公文。若被转发公文是几个单位（并列性质）联合行文，可保留主办单位名称，后再加"等单位"或"等部门"字样
2	主送机关	通知的主送机关，下行通知一般有多个主送机关，且常用统称，如国务院下发通知多用"各省、自治区、直辖市人民政府，国务院各部委、各直属机关"；平行通知则多是写出具体的主送机关
3	正文	通知类别不同，正文写法不尽相同 （1）批转通知：首先对被转公文进行批示，然后交代转发，再提出执行要求，或作指示，或作政策性的规定 （2）转发性通知：首先指明转发文件的目的、依据，然后交代转发，再向下级提出要求或作出具体执行规定 （3）部署通知：首先写部署工作、任务的依据、目的、意义等，再写对具体工作、任务的部署，最后对受文单位提出希望或执行要求 （4）任免通知：首先写明任免原因、依据，再写清被任免人员的姓名、职务等，结尾用"特此通知"即可，也可不用 （5）会议通知：正文大都由三部分组成，第一部分先交代开会的缘由、依据和会议名称，然后以"现将有关事项通知如下"之类的语句引出下文；第二部分为主体部分，大致由"会议六要素"构成，即开会时间与期限、会议地点、与会者及其条件、会议内容或主要议题、参会需作的有关准备、会议其他事项（如经费、食宿、交通安排）；第三部分为结尾，通常是提出具体的受文要求（如要求寄回回执或电话回复是否参会等），还可注明联系人、联系地址及联系电话
4	署名	写出发文机关名称，如已在标题中写了机关名称的也可以省略
5	成文日期	用阿拉伯数字写全年、月、日

4.8.1.5　通知的写作要求

通知的写作要求如表4-31所示。

表4-31　通知的写作要求

序号	写作要求	具体说明
1	内容要具体，语言确切	制发通知的目的是为了回答和解决一些实际问题，因此，撰写通知一定要从实际出发，有的放矢。加强内容的针对性可以从对象、问题、思想三个方面考虑 （1）对象的针对性是指通知的内容应从具体的受文对象出发，能真实地反映受文对象的实际，能有效地回答和解决受文对象面临的问题

续表

序号	写作要求	具体说明
1	内容要具体，语言确切	（2）问题的针对性是指通知所反映的情况和问题，是确实存在的，并且具有一定的普遍性和典型性，回答和解决具有必要性和迫切性 （3）思想的针对性是指要指出与存在问题相联系的思想认识问题，并对其实质和意义做出分析，以提高受文对象的理性认识，并实事求是、合情合理地提出切实可行的意见
2	层次要清楚，段落分明	层次，即文书内容的表现次序，就是一份文书，写几个问题，先写什么、后写什么，有序号、有标题或观点，一目了然。段落，又称自然段，段落与层次有区别也有联系，段落侧重于文字表达上的需要，有时一层意思用若干自然段来表达，有的一层就是一段，但层次与段落，并不能画等号，段落分明要做到"五性" （1）单一性：就是一段要突出一个中心思想，不要在一段内容里写得很杂，以免节外生枝 （2）完整性：不要把一段完整的内容，分到几个自然段去阐述，这段说几句，那段说几句，搞得七零八落，支离破碎 （3）鲜明性：每段的第一句话，要尽量加段首句或标题，必要时还要加序号，当然有的也不要勉强，本来就很简单，也可不加段首句或标题 （4）连续性：段落之间要有内在联系，使每段成为一份文书的有机组成部分，做到"分之为一段，合则为一篇" （5）协调性：即分段要注意整体的匀称，做到轻重相当、长短适度，不要有的段很长，有的段很短
3	篇幅要简短，文字精练	通知事项，不管是做出指示，还是部署工作，或是安排活动，对做什么、怎么做、做到什么程度、有什么要求，都应当具体、明确，简明扼要，不能含含糊糊、模棱两可，这样受文对象才能把握要领，落到实处。通知的内容现实性、针对性强，要有效地回答和解决实际问题，就必须迅速及时地制发，如果拖延时机，等情况变化以后再写就会失去其应有意义

4.8.2　写作模板

_____（发文机关、事由）通知

_____（告知对象）：

　　_____

_____。（制发通知的原因、依据、理由、

目的）

_____

_____

_____。（具体通知事项）

特此通知。

　　　　　　　　　　　　　_____（制发通知机关名称）

　　　　　　　　　　　　　　　_____（通知发布日期）

4.8.3　写作范本

 范本 1

××市住房和城乡建设委员会关于印发
《××市住宅物业服务项目清单》的通知

各区住房城乡（市）建设委（房管局）、经开区开发建设局、各有关单位：

　　为推动物业服务市场公开透明，方便群众了解物业服务的主要内容和基本事项，进一步规范物业服务行为，提升物业服务整体水平，根据《××市物业管理条例》等法律、法规规定，结合我市实际，市住房城乡建设委研究制定了《××市住宅物业服务项目清单》（以下简称"清单"），现印发给你们，并就有关事项通知如下。

　　一、物业服务人应当按照"清单"，结合项目实际情况签订物业服务合同、协议，开展物业服务工作。

　　二、各区住房城乡（市）建设或房屋主管部门要加强对物业服务工作开展情况的监督，发现物业服务人提供服务不符合"清单"要求的，要责令规范改正。

　　三、物业管理行业协会负责协助、指导、督促会员单位做好"清单"使用工作。

　　四、本通知自20××年×月×日起施行。

特此通知。

××市住房和城乡建设委员会

20××年×月×日

 范本 2

关于做好国庆假期实验室安全工作的通知

各学院及有关单位：

"十一"国庆节将至，为确保假期期间实验室的安全，防止各类安全事故的发生，请各单位主管实验室工作的领导及教学实验中心、重点实验室安全负责人认真贯彻落实学校相关安全管理规定，在放假前，落实所属实验室的各项安全管理工作和措施，排除事故隐患，确保实验室设备财产与师生生命的安全。现就国庆期间实验室安全工作通知如下。

1.对所属实验室进行一次全面的安全检查，特别是水、电、门窗的安全自查及"三防"工作。

2.做好易燃易爆物品、高危化学品的排查与管理，药品必须按规定分类存放，由专人管理，使用过程中有人监管。

3.假期中确实需要开放的实验室，必须经单位领导批准方可使用，并做好出入人员的登记工作。

4.做好暴雨、雷电的预防工作，暂不使用的仪器设备应将电源断开。

5.安排好假期值班人员，值班安排表由系（院）留存备案。要求值班人员手机24小时保持开机，做好安全巡检工作，并将本身不能解决的安全隐患及不安全因素即时上报我部及保卫部。

实验与设备部

20××年×月×日

 范本3

关于召开教师思想政治和师德师风建设会、人事人才工作会的通知

校内各单位：

学校定于近日召开教师思想政治和师德师风建设会、人事人才工作会，现将有关事项通知如下。

一、会议时间

20××年×月×日（周五）上午9:00。

二、会议地点

××校区××楼××会议室。

三、会议主题

第一阶段：部署学校教师思想政治和师德师风建设相关工作。

第二阶段：部署学校人事人才相关工作。

四、参会人员

校领导，党政办公室、纪检监察室、党委组织部、党委宣传部、党委统战部、党委教师工作部、教务处、科研处、研究生院、国际合作与交流处、工会等部门负责人，机关党委、图书馆党总支、后勤党总支书记，教学单位党政主要负责人，科研机构主要负责人等。

五、注意事项

1.请各单位参会人员提前15分钟到场签到并领取学习资料。

2.如因公不能参会，请向×××副校长请假并安排他人代会。

联系人：×××   电话：×××××××××××

特此通知。

党委教师工作部、人事处

20××年×月×日

4.9　通报的写作

4.9.1　写作常识

4.9.1.1　通报的适用范围

通报是党政机关、企事业单位和社会团体把工作情况、经验教训、典型事例及有教育、指导、规范意义的事件向下级或公众发布的周知性公文。

通报适用于表彰先进、批评错误、传达重要精神和告知重要情况。

4.9.1.2　通报的特点

通报具有表4-32所示的特点。

表4-32　通报的特点

序号	特点	具体说明
1	告知性	通报常常是将现实生活中一些正反面的典型或某些带有倾向性的重要问题告诉人们，让人们知晓和了解
2	教育性	通报的目的不仅仅是让人们知晓内容，更重要的是让人们从中接受先进思想的教育，改正错误，接受教训。这一目的不是靠指示和命令来实现的，而靠的是正反面典型的带动、真切的希望和感人的号召力量，使人们真正从思想上树立正确的认识
3	政策性	政策性并不是通报独具的特点，其他公文也同样具有这一特点，但是作为通报，尤其是对表扬性通报和批评性通报来说，在这方面显得特别强一些。因为通报中的决定（即处理意见）直接涉及具体单位、个人或事情的处理，此后也会牵涉其他单位、部门效仿执行的问题，其决定正确与否，影响颇大，因此通报必须讲究政策依据，体现党的政策

4.9.1.3　通报的分类

通报根据适用范围、内容及作用，可分为表4-33所示的3类。

表4-33　通报的分类

序号	类型	具体说明
1	表彰性通报	表彰性通报，即表彰先进个人或先进单位的通报。这类通报，着重介绍人物或单位的先进事迹，点明实质，提出希望和要求，然后发出学习的号召
2	批评性通报	批评性通报，即批评典型人物或单位的错误行为、不良倾向和违章事故等的通报。这类通报通过讲事实、找根源，阐明处理决定，使人从中吸取教训，以免重蹈覆辙。这类通报应用面广，数量大，惩戒性突出
3	情况通报	情况通报就是上级机关把现实社会生活中出现的重要情况告知所属单位和群众，让其了解全局，与上级协调一致，统一认识、统一步调，克服存在的问题，开创新的局面。这类通报具有沟通和知照的双重作用

4.9.1.4　通报的结构

通报一般由标题、主送机关、正文、署名、成文时间5部分构成，具体如表4-34所示。

表4-34　通报的组成

序号	组成	具体说明
1	标题	通报的标题通常由"发文机关+事由+文种"三个要素构成，也可省略发文机关，由"事由+文种"构成
2	主送机关	一般为直属下级机关，或需要了解该内容的不相隶属的单位；有的通报特指某一范围，可以不标注主送机关
3	正文	（1）表彰（批评）通报：正文由三部分构成 ——说明表彰或批评的原因，即写清先进事迹或错误事实的经过，要求用叙述的手法真实、客观地反映事实 ——对所叙述的事实进行准确的分析和中肯的评价，使人们能从好的事例中受到鼓舞，从错误中吸取教训 ——一般是对表彰的先进或批评的错误做出嘉奖或惩处，同时还要根据通报的情况，并针对现实的需要，发出号召或提出要求 （2）情况通报：正文一般由两部分构成，即被通报的情况、希望和要求
4	署名	在正文后右下方标注发文机关，如在标题中已出现发文机关，也可不署发文机关
5	成文时间	一般为发文日期，该日期也可注于标题之下

4.9.1.5　通报的写作要求

通报的写作要求如表4-35所示。

表4-35　通报的写作要求

序号	写作要求	具体说明
1	通报的内容必须真实	通报的事实、所引材料，都必须真实无误。动笔前要调查研究，对有关情况和事例要认真进行核对，客观、准确地进行分析、评论
2	通报决定要恰如其分	无论哪一种通报，都要做到态度鲜明，分析中肯，评价实事求是，结论公正准确，用语把握分寸，否则通报不但会缺乏说服力，而且有可能产生副作用
3	通报的语言要简洁、庄重	其中表扬性和批评性的通报还应注意用语分寸，要力求文实相符，不讲空话、套话，不讲过头的话

相关
链接

通报、通告、通知的区别

通报、通告、通知都有沟通情况、传达信息的作用，但它们之间也有一定的区别。

1.所告知的对象不同

通报是上级机关将工作情况或带有指导性的经验教训通报下级单位或部门，无论哪种通报，受文单位只能是制发机关的所属单位或部门；通告所告知的对象是全部组织和群众，它所宣布的规定条文具有政策性、法规性和某种权威性，要求人们遵照执行，一般都要张贴出来或通过电台、电视台等新闻媒体大力宣传；通知一般只通过某种公文交流渠道，传达至有关部门、单位或人员，它所告知的对象是有限的。

2.制发的时间不同

通报制发于事后，往往是对已经发生了的事情进行分析和评价，通报有关单位，从中吸取经验和教训；通告、通知制发于事前，都有预先发出消息的意义。

3.目的不同

通报主要是通过典型事例或重要情况的传达，向全体下属进行宣传教育或沟通信息，以指导、推动今后的工作，没有工作的具体部署与安排；通知主要是通过具体事项的安排，要求下级机关在工作中照此执行或办理；通告公布在一定范围内必须遵守的事项，有较强的、直接的和具体的约束力。

4.作用不同

通报可以用于奖惩有关单位或人员，而通知、通告不具有此作用。

4.9.2 写作模板

4.9.2.1 表扬性通报模板

_____（发文机关）关于_____（事由）的通报

_____（通报对象）：

_____

_____。（介绍有关任务的事迹）

_____

_____。（有何意义）

_____

_____。（做出决定并提出号召）

_____（发文机关）

_____（成文时间）

- -

4.9.2.2 批评性通报模板

_____（发文机关）关于_____（事由）的通报

_____（通报对象）：

_____

_____

_____。（对通报单位或个人的情况介绍）

_____

_____。（做出怎样的处理）

_____

_____。（分析原因）

_____

_____。（提出要求）

_____（发文机关）

_____（成文时间）

4.9.2.3 情况通报模板

_____（发文机关）关于_____（事由）的通报

_____（通报对象）：

_____

_____。（介绍情况）

_____

_____。（分析情况）

_____

_____。（提出希望和要求）

_____（发文机关）

_____（成文时间）

4.9.3　写作范本

 范本 1

××市人民政府关于表扬20××年度全市重点水利
工程建设先进集体和先进个人的通报

各县区人民政府，市开发区、高新区管委会，市政府各部门、各直属机构，市属各企业，各大中专院校：

20××年，在市委、市政府的坚强领导下，全市水务系统深入学习贯彻新时代中国特色社会主义思想，科学组织、团结进取，创先争优、奋力拼搏，推动全市重点水利工程建设取得明显成效，涌现出了一批先进集体和先进个人。为表扬先进，激励创新，现对在全市重点水利工程建设中做出突出贡献的5个先进集体和60名先进个人予以通报表扬。

希望受到表扬的先进集体和先进个人珍惜荣誉、戒骄戒躁，再接再厉、再创佳绩。各级各部门要以受到表扬的先进集体和先进个人为榜样，不忘初心、牢记使命，勇于担当、积极作为，锤炼作风、砥砺前行，为全市水务工作跨越发展作出积极贡献。

附件：1.××新河上游段和××河治理河道疏挖工程先进集体

2.全市重点水利工程建设先进个人名单

××市人民政府

20××年×月×日

 范本2

××市教育局关于对15所受到行政处罚的幼儿园予以全市批评的通报

各区（新区）教育行政部门：

市公安局于第一季度组织开展了校园及周边风险隐患排查整治专项行动，其中我市有15所幼儿园（详细名单见附件）存在严重安全隐患，市公安局已依法对15所幼儿园进行了行政处罚。为警醒全市幼儿园重视安全工作，落实安全责任，消除安全隐患，现对15所受到行政处罚的幼儿园予以全市通报批评，以上幼儿园20××年年度检查结果均按不合格处理。

各区要指定专人督促存在严重安全隐患问题的幼儿园限期整改。对整改不到位或拒不整改的幼儿园，应结合评优评先、政府资助奖励等工作进行处罚，情节严重的，应停止招生或办学。市教育局将于今年秋季开学对以上幼儿园安全隐患问题开展"回头看"专项工作检查。

全市其他幼儿园要以此为鉴，认真贯彻执行学前教育相关法律、法规和政策制度的要求，进一步端正办学思想，落实安全主体责任，依法依规办学，保障在园师生人身安全和身心健康。

附件：1.《第一季度存在严重安全隐患幼儿园列表》
　　　2.《关于建议对15所受到行政处罚的幼儿园予以全市通报的函》

××市教育局

20××年×月×日

 范本3

关于空气异味专项检查排查情况的通报

针对近期城区"异味"问题，市生态环境局组织开展了空气异味专项排查行动（以下简称"专项行动"）。现将有关情况通报如下。

一、部分企业大气污染防治设施未正常发挥作用

部分企业生产过程中，未正常运行大气污染防治设施，导致废气不能得到有效处理。检查发现，××市××路桥工程有限公司（××区）、××燃气设备制造有限责任公司（××区）、××市××印务有限公司（××区）、××市××广告标识有限公司（××区）、××××软管有限公司（××区）、××市××电子工程有限公司（××区）等6家企业正常生产时大气污染防治设施未正常使用，导致企业所在区域存在空气异味。

二、异味气体无组织排放

×月×日夜间检查发现，××生物技术研究院有限公司（××区）将部分暂时不能处置的废蛋壳露天堆放产生异味。××水务（××）分公司（××区）污泥运输车辆未密闭，运输途中产生异味。

三、大气污染物治理水平待进一步提高

VOCs治理设施建设水平不高，光催化氧化工艺和等离子工艺是低效的VOCs治理技术，目前在治污设施占比较高，治污效果一般。检查发现，涉VOCs企业存在单一使用光氧处理，集气罩设置不规范、引风量不足，设备管理维护不到位等现象，容易导致企业周边存在废气异味。××区××生物有限公司（××区）生物质锅炉排气筒设置不规范，锅炉废气低空排放，造成近地面烟尘及异味。

四、城市管理作业有时产生空气异味

根据VOCs秒级多组分走航监测结果，×月×日×时×分，××区××路与××路交叉口附近出现甲苯浓度异常，峰值为16.329mg/m³，超标11.7倍。经核实，为城市管理部门为防治美国白蛾喷洒农药所致。经进一步与市城管局对接，为防治美国白蛾，自×月份开始至×月底，市区重点区域每天安排喷洒农药，导致产生农药气味。此外，近日城区道路划隔离线，使用油漆存在异味。检查人员发现，×月×日至×日施工单位在××路划线，有轻微异味情况。

特此通报。

附件：专项行动检查情况表

××市生态环境局

20××年×月×日

4.10 报告的写作

4.10.1 写作常识

4.10.1.1 报告的概念

报告是下级机关主动或应上级要求，向上级机关汇报工作、反映情况、提出建议、答复上级机关询问、报送文件等的报请性公文。

报告适用于向上级机关汇报工作、反映情况，回复上级机关的询问。

4.10.1.2 报告的特点

报告具有表4-36所示的特点。

表4-36 报告的特点

序号	特点	具体说明
1	语言的陈述性	因为报告具有汇报性，即向上级讲述做了什么工作，或工作是怎样做的，有什么经验、体会，存在什么问题，今后有什么打算，对领导有什么意见、建议，所以行文上一般都使用叙述方法，即陈述其事，而不是像请示那样采用祈使、请求等方法
2	行文的单向性	报告是下级机关向上级机关行文，是为上级机关进行宏观领导提供依据，一般不需要受文机关的批复，属于单向行文
3	成文的事后性	多数报告都是在事情做完或发生后，向上级机关做出汇报，是事后或事中行文
4	双向的沟通性	报告虽不需批复，但却是下级机关以此取得上级机关支持和指导的桥梁，同时报告也是上级机关进行决策指导和协调工作的依据
5	内容的汇报性	一切报告都是下级向上级机关或业务主管部门汇报工作，让上级机关掌握基本情况并及时对自己的工作进行指导，所以汇报性是"报告"的一大特点

4.10.1.3 报告的分类

报告按其内容，可以分为表4-37所示的3种类型。

表4-37   报告的分类

序号	类型	具体说明
1	工作报告	适用于定期地向上级汇报某一阶段的正常工作，全面汇报工作中的困难、做法、经验和教训，使上级能及时掌握本单位工作进度，有利于取得上级的支持和帮助
2	情况报告	适用于向上级反映情况，特别反映调查了解到的重大情况、特殊情况，一些有倾向性的新风气、新动向，最近出现的新事物也有必要向上级汇报
3	答复报告	适用于答复上级查询事项，这种报告内容较为单一，针对性很强，即上级问什么答复什么，不答非所问，不节外生枝

相关
链接

工作报告与情况报告的区别

区别 ＼ 文种	工作报告	情况报告
反映的工作不同	经济性的、常规性的工作	偶发性的特殊情况
内容不同	内容相对稳定	内容多不确定
写法不同	写法相对稳定	写法灵活多样
表达方式不同	有不同程度的说明，事与理结合	重在叙述、说明情况
写作时间不同	汇报时间固定或不固定	无固定汇报时间

4.10.1.4　报告的结构

报告由标题、主送机关、正文、署名、成文日期5部分组成，如表4-38所示。

表4-38   报告的组成

序号	组成	具体说明
1	标题	报告的标题一般用三要素标题，由"发文机关＋事由＋文种"组成
2	主送机关	报告的主送机关是直接的上级机关，原则上主送一个上级机关，根据需要同时抄送相关上级机关和同级机关，一般也不向上级机关负责人送报告

序号	组成	具体说明
3	正文	报告正文一般由报告缘由、报告事项和结语三部分组成 （1）报告缘由：以概括性语言简要说明报告的背景、主要内容、结论，或者说明写作报告的目的和依据，段末常用"现将有关情况报告如下"导入下文 （2）报告事项：此部分是正文的核心，是报告的重点部分，不同报告的写法有所不同 ——工作报告的内容包括这3个方面：一是基本情况与成绩，陈述工作概况和基本做法，并在此基础上总结成绩和经验；二是存在的问题与不足，分析工作失误的原因，以及应当吸取的教训；三是今后工作的打算和拟采取的整改措施 ——情况报告重在反映重要的、特殊的、突发的新情况，以陈述情况为主，应写明时间、地点、原因、经过、结果、已采取的措施或建议等 ——答复报告针对性强，一般问什么就答什么，不能漫无边际地写一些与上级机关询问无关的事项，针对所提问题答复意见或处理结果，既周全又不节外生枝，有问必答，答其所问，表述明确具体，用语准确，不含糊其词，不模棱两可 （3）结语：报告的结语比较简单，通常以"特此报告""特此报告，请审阅"等惯用语，也可以报告事项完即止，不写结束语
4	署名	在正文后右下方标注发文机关
5	成文时间	用阿拉伯数字写全年、月、日

4.10.1.5　报告的写作要求

报告的写作要求如表4-39所示。

表4-39　报告的写作要求

序号	写作要求	具体说明
1	情况真实	一切上报的信息必须真实可靠，力求准确反映事物的本来面目，全面反映情况；报告不实将导致上级决策失误，影响大局；汇报成绩时不能虚报夸大，反映问题不能文过饰非；必须以客观事实为依据，情况要真实
2	确有必要	是否要向上级报告，一个很重要的标准就是提供的信息是否真正扣紧当前的中心工作，是否对上级决策有帮助。每天收集到的大量信息并不是全部有价值，特别是一些原始、初级信息，要有一个筛选、加工处理过程，这就需要选取角度、深入挖掘，选抓那些能够指导全局工作、具有较强影响力的信息，通过"去粗取精、去伪存真、由表及里、由此及彼"的加工处理，形成对全局工作具有普遍指导意义的情况汇报，才能进入领导决策的过程

续表

序号	写作要求	具体说明
3	点面结合、突出重点	报告的写作不能烦琐罗列具体事例，也不能只作全面情况的概述，必须突出重点、有主有次、详略得当地安排材料，并加以精当的论析，以适当的议论点明主题，使报告既有深度又有广度。需要补充的是，报告中不能夹带请示事项

4.10.2　写作模板

_____（发文机关、事由）报告

_____（主送机关）：

　　_____

_____

_____

_____。（发文的依据、缘由）下面将_____

_____情况报告如下。

　　1. _____

_____。（取得的成绩、经验）

　　2. _____

_____。（存在的问题、应吸取的教训）

　　3. _____

_____。（今后的打算、采取什么措施）。

　　以上报告请审阅。

_____（发文机关）

_____（发文日期）

4.10.3 写作范本

 **范本1**

××区××街道20××年法治政府建设工作报告

区人民政府：

20××年，在区委区政府的坚强领导下，区司法局的大力指导下，××街道紧紧围绕上级工作部署，加强法治政府建设，牢固树立依法行政理念，规范行政执法行为，提升依法行政水平，取得较好成效。总结报告如下。

一、加强组织领导，建立健全体制机制

（一）成立领导小组，落实党政主要负责人履行法治建设第一责任人职责。成立了以街道党工委书记、办事处主任为组长，各办（队）、中心及各社区工作站负责同志为成员的××街道法治政府建设工作领导小组，领导小组办公室设在综合治理办公室（司法所），负责贯彻落实领导小组的决策部署并统筹协调各成员单位开展有关工作。同时，制定了《××街道法治政府建设第一责任人工作机制》，将法治政府建设工作列为单位党政主要负责人职责，进一步加强对法治政府建设工作的组织领导，有效形成了主要领导亲自抓、分管领导具体抓、各职能部门及社区党委抓落实的工作机制。

（略）。

六、推进政府信息公开，强化多方监督

（一）积极推进政务公开工作，打造阳光透明政府。制定《××区××街道党务公开、政务公开工作实施方案》，进一步明确信息公开的内容、形式、时限、范围、程序及责任部门和责任人，积极稳妥地将能够公开的政府信息予以公开，最大限度地保障人民群众的知情权和监督权。

（二）充分发挥街道人大主席团监督作用。街道人大主席团筛选关系群众切身利益和社会普遍关注的问题，对相关法律法规实施情况进行检查，切实解决群众反映的法治建设热点难点问题，营造共建共治共享社区法治社会氛围，人大代表建议答复率达到100%。

××市××区××街道办事处

20××年×月×日

 范本2

××区××街道关于召开民主生活会有关情况的报告

区纪委、区委组织部：

根据《关于认真开好20××年度党员领导干部民主生活会的通知》要求，××街道于20××年×月×日召开了民主生活会。现将有关情况报告如下。

一、会前准备情况

接到《关于认真开好20××年度党员领导干部民主生活会的通知》后，街道党工委高度重视，于×月×日召开班子会议进行专题研究，并对相关工作进行布置，细化分工，责任到人。

（略）。

二、会议召开情况

（略）。

三、整改落实打算

民主生活会后，街道党工委责成办公室认真抓好专题民主生活会后各项整改措施的梳理、落实和制定整改方案工作。下一步，我们将重点抓好以下4个方面工作。

1.重视学习提高，不断增强党性修养。一是强化政治学习，抓住"学懂、弄通、做实"三个关键词，学习贯彻新时代中国特色社会主义思想，全面把握中国特色社会主义进入新时代的新要求，做到知行合一、言行一致，保持对理想信念的激情和执着，自觉运用理论指导实践，使各方面工作更符合客观规律、科学规律的要求。二是强化实践学习，坚持和完善党工委理论中心组学习制度，每年集体学习不少于12次，集体学习研讨不少于6次。依托"周二下村"大兴调查研究之风，多到田间地头，多到菜场小店，多到群众意见多的地方去，多到工作做得差的地方去，从人民群众关心的事情做起，凝聚放大优势，突破发展瓶颈，进一步提升工作能力和水平。

（略）。

4.崇尚实干作风，不断强化作用发挥。我们要紧紧围绕区委"坚持三看四态促转型不动摇、持续高质量打好转型攻坚硬仗"的要求，实施"拥江发展"战略，各项工作开创新局面。一是以党建为龙头，夯实基层基础。全方位学习贯彻党的十九大精神，开展"不忘初心、牢记使命，奋战××"活动，全面推进基层党建"一村一品"工作，进一步加强村级组织建设和街村两级干部管理，加强意识形态和党风廉政建设。二是以搬迁为重点，彰显铁军精神。完成××更新三四区块500余户居民的搬迁任务；围绕××核心带的建设，完成两个整村900多户农户的搬迁任务；围绕造纸转型，搬迁企业不少于50家。三是以目标为导向，提升发展环境。一手抓腾空间，按"四个一批"加快造纸企业有序退出，引进"无污染、小空间、高科技、大产出"的高新产业；一手抓美环境，积极创建"三美"，以更高标准、更严要求，持续抓好"三改一拆""五水共治"、废塑料整治等各项工作。

特此报告。

中共××市××区××街道工作委员会
20××年×月×日

 **范本3**

××市××区市政管理局关于报送网民留言答复的报告

××区人民政府办公室：

领导留言板网民留言："××街××路路面坑洼及道路行车线问题"，我局第一时间进行核查，现将具体情况报告如下。

一、基本情况

××区××街等××路的市政基础设施，已超出服役期。黑色路面、人行道老化破损严重，部分井盖下沉，导致路面坑洼不平整。

二、具体原因

（一）由于历史原因，我区没有建设地下综合管廊，所有管道直埋于地下，为保障市民的供电、供水、供暖、弱电、排污等生活需求，企业对存在问题的路段，经审批后，要进行破路抢修，因此存在开挖修复后的补丁路现象。

（二）市政道路维修受季节影响大，特别是冬季气温较低时，不具备施工条件，因此冬季路面开挖抢修后，只能临时用红砖铺设，待天气回暖后，再恢复油面，一并对下沉的井盖进行提升。

（三）旧城区市政设施老旧，存在不同程度的损坏，目前的人力、物力、财力很难满足大规模的更新，正在积极向上级部门申请改造资金。

三、处理结果

我局将于20××年×月初，对城区范围内的市政设施的破损情况进行摸排，计划于×月中旬，由我局下设的业务队、工程部对各自管辖片区进行逐项维修，×月底前完成对××路破损市政基础设施的维修维护。

××市××区市政管理局

20××年×月×日

4.11　请示的写作

4.11.1　写作常识

4.11.1.1　请示的概念

请示是下级机关向上级机关请求对某项工作、问题作出指示，对某项政策界限给予明确，对某事予以审核批准时使用的一种请求性公文。

请示适用于向上级机关请求指示、批准。

4.11.1.2　请示的特点

请示具有表4-40所示的特点。

表4-40　请示的特点

序号	特点	具体说明
1	报请性	当下级机关遇到需要办理却又无权办理、无力办理或不知如何办理，需要得到上级的指示、批准后方可付诸实践的问题时，就需要用请示行文，一般遇到以下情况需要向上级机关请示 （1）对上级机关的法规、政策和其他文件等有不理解之处，或认为它们不适应本单位情况需要变通处理时，需要请上级机关予以解释、指示或认可 （2）请求批准人员编制、机构设置、干部任免、经费预算以及重要人员或事故的处理 （3）请求审批或批转本单位制定的重要文件 （4）请求解决本单位无法解决的困难和问题 （5）根据规定必须履行审批手续的事项
2	超前性	请示是在工作中遇到实际困难或问题，使工作难以继续开展下去的情况下使用的，该项工作下一步怎样开展必须得到上级机关的指示或批准，因此，请示必须事前行文，对于请示事项"先斩后奏"是不允许的
3	说明性	绝大部分公文都是略写缘由详写事项的，而请示恰恰相反，能不能得到上级机关的批准，上级机关怎样回复，主要取决于请示的理由是否充分，有关事项是否交代得清楚、明白，因此，请示往往是详写缘由略写事项，因为请示的事项往往比较单纯，一两句话就能交代明白
4	单一性	请示的行文规则要求请示内容单一，不能将两件或两件以上互不相干的事情放在一份请示当中，这就使请示"单一性"特征十分明显
5	期复性	上级机关的回复是下级机关继续开展某项工作的前提条件，因此，作为请示主体的下级机关急切渴望得到上级机关的回复，上级机关也应该体谅下级，尽可能在规定的时间内给下级机关回复，以免贻误工作

4.11.1.3　请示的分类

请示按其内容的不同，可分为表4-41所示的3类。

4.11.1.4　请示的结构

请示由标题、主送机关、正文、署名、成文日期5部分组成。如表4-42所示。

表4-41　请示的分类

序号	类型	具体说明
1	请示批准类	一般针对有充分理由，希望上级机关批准的事项，如机构设置、领导班子调整、人员编制、财务预算、重要事件的批准或重要人物的处理等，这类请示一定要把理由讲充分
2	请求指示类	这类请示主要针对工作中遇到无章可寻的问题，或对有关政策把握不准等问题，需要上级机关给予明确的指示，这类请示自己应该先拿出意见，供上级领导参考
3	请求批转类	一般是职能部门就与自己业务范围有关的全局性工作，提出意见或建议，请求上级同意，并批转各有关部门执行

表4-42　请示的组成

序号	组成	具体说明
1	标题	请示的标题一般有两种构成形式 （1）由"发文机关+事由+文种"构成 （2）由"事由+文种"构成
2	主送机关	请示的主送机关是指负责受理和答复该文件的机关，每件请示只能写一个主送机关，不能多头请示
3	正文	正文一般由开头、主体和结语三部分内容组成 （1）开头：主要交代请示的缘由，它是请示事项能否成立的前提条件，也是上级机关批复的根据，将原因讲得客观、具体，将理由讲得合理、充分，只有这样上级机关才能及时决断，予以有针对性的批复 （2）主体：主要说明请求事项，它是向上级机关提出的具体请求，也是陈述缘由的目的所在，这部分内容要单一，只宜请求一件事，另外请示事项要写得具体、明确、条理清晰，以便上级机关给予明确批复 （3）结语：应另起一段，习惯用语一般有"当否，请批示""妥否，请批复""以上请示，请予审批"或"以上请示如无不妥，请批转各地区、各部门研究执行"等
4	署名	标题写明发文机关的，这里可不再署名，但需加盖单位公章
5	成文日期	用阿拉伯数字写全年、月、日

4.11.1.5　请示的写作要求

请示的写作要求如表4-43所示。

表4-43　请示的写作要求

序号	写作要求	具体说明
1	一文一事	一份请示只能写一件事，如果一文多事，可能导致受文机关无法批复
2	单头请示	请示只能主送一个上级领导机关或者主管部门，如果需要，可以抄送有关机关，这就可以避免出现推诿、扯皮的现象
3	不越级请示	如果因特殊情况或紧急事项必须越级请示时，要同时抄送越过的直接上级机关，除个别领导直接交办的事项外，请示一般不直接送领导个人
4	不抄送下级	请示是上行公文，行文时不得同时抄送下级以免造成工作混乱，更不能要求下级机关执行上级机关未批准和批复的事项

相关
链接

请示与报告的区别

请示和报告都是上行文，是行政机关公文使用频率较高且容易混淆的文种。常见的问题主要有：将请示文种用报告文种呈送上级机关，请求上级机关批复（答复），这样就容易贻误工作。因此，在撰写请示和报告时，要特别注意二者之间的区别，具体内容如下。

1.作用不同

请示是向上级机关请求指示、批准；报告是向上级机关汇报工作，反映情况，提出意见和建议，答复上级询问，报送文件、物品等。

2.内容不同

请示是本单位无力无权解决或按规定须上级批准之后才能实施的事项；报告是本单位职责范围内比较重大的工作或向上级机关建议，须上级机关知道的事项。

3.容量不同

请示应一文一事；报告可多事一报，但不得夹带请示的事项。

4.时间不同

请示应事前行文；报告可在事前、事中和事后行文。

5.范围不同

请示一般只主送一个上级机关，不得多头主送或越级主送；报告可以主送几个相关的上级机关，其他上级机关也可以抄送。

6.处理不同

上级机关收到下级机关的请示后，应及时批准、批复（答复），若是办理件，下级机关应在收到上级机关批复（答复）后才能实施；上级机关收到下级机关的报告（主要是了解情况）后，可以不答复，下级机关也不用等待上级机关答复。

7.篇幅不同

请示的篇幅比较短，一般不超过1500字；报告的篇幅相对较长，但一般不超过3000字。

8.结束语不同

请示在结束时用"特此请示""特此请示，请批示""请审示"等；报告用"专此报告""特此报告"。

4.11.2　写作模板

_____（发文机关、事由）请示

_____（主送机关）：

_____

_____

_____

_____。（请求缘由）

_____

_____

_____。（请求事项）

妥否，请批复。

附件：_____

_____（发文机关名称、印章）

_____（成文时间）

4.11.3 写作范本

 范本 1

××市统计局关于调整局属事业单位部分工作人员的请示

市委编办:

市统计局计算中心是我局局属正科级公益一类、财政拨款事业单位,核定编制6人,现有人数6人,根据工作需要,拟将×××由市企业调查队调至市统计局计算中心,×××由市社情民意调查中心调至市统计局计算中心。市企业调查队是我局局属副县级公益一类、财政拨款事业单位,核定编制13人,现有人数13人,根据工作需要,拟将×××由市统计局计算中心调至市企业调查队。市社情民意调查中心是我局局属正科级公益一类、财政拨款事业单位,核定编制5人,现有人数5人,根据工作需要,×××由市统计局计算中心调至市社情民意调查中心。市农村社会经济调查队是我局局属副县级公益一类、财政拨款事业单位,核定编制13人,现有人数12人,根据工作需要,×××由市统计局高新技术产业开发区统计服务中心调至市农村社会经济调查队。市统计局高新技术产业开发区统计服务中心是我局局属正科级公益一类、财政拨款事业单位,核定编制2人,现有人数2人,根据工作需要,××由市农村社会经济调查队调至市统计局高新技术产业开发区统计服务中心。

当否,请批示。

××市统计局

20××年×月×日

122

 范本 2

关于暂缓调高旅游专项资金在交通建设附加费中分配比例的请示

市人民政府：

今年×月×日，××市委、市政府《关于加快发展旅游业的决定》（×字〔×〕×号），同意建立旅游建设发展专项资金，其部分资金来源于交通建设附加费的分配，并将此分配比例从原来的5%调高到10%。对此，我委认为该措施无疑有利于筹集资金，促进旅游业发展。但当初决定征收旅游业交通建设附加费的目的，主要是筹集地铁资金，现要提高旅游专项资金往交通建设附加费中的分配比例，必然减少地铁资金的来源。地铁工程建设年度投资高达30亿元，筹资任务十分艰巨，而今年地铁资金缺口更大，需开拓更多的资金来源。因此，任何减少筹集地铁资金的做法都会导致工期拖长和投资增大，不利于工程建设。

鉴此，我委建议在地铁建设期内，暂缓调高旅游专项资金在交通建设附加费中的分配比例，仍执行旅游专项资金在交通建设附加费中占5%的分配比例不变。

专此请示，请批复。

××市计委

20××年×月×日

 范本 3

关于解决当前茶叶购销问题的请示

××市人民政府：

近几年，我市茶叶生产发展很快。当前，市场货源充足，长期供不应求的状况得到了改变，但也产生了一些新问题，主要是产量增长快，而销售跟不上。

为了解决上述问题，我们意见：

一、按照国内外市场的需要，指导和组织茶农多生产适销对路的产品
（略）。

二、贯彻优质优价政策，努力恢复茶叶质量
（略）。

三、努力扩大国内销售
（略）。

四、开放国内茶叶市场
（略）。

以上报告如无不妥，请批转市内各地区、各有关部门研究执行。

××市商业局

20××年×月×日

4.12　批复的写作

4.12.1　写作常识

4.12.1.1　批复的概念

批复是上级对下级机关来文所提出的请示而表明态度或作出明确回答的公文，是一种下行文。

批复适用于答复下级机关请示事项。

4.12.1.2　批复的特点

批复具有表4-44所示的特点。

表4-44　批复的特点

序号	特点	具体说明
1	权威性	批复代表着上级机关的权利和意志，对请示事项的单位有约束力，受文机关必须执行批复内容
2	针对性	批复必须是针对下级机关请示事项而发，属被动行文，一文一事，内容简单，针对性强；批复的内容是由请示的内容来决定的，批复的主送单位只能是请示机关
3	鲜明性	批复对下级机关的请示事项同不同意、批不批准，态度要明确，旗帜要鲜明
4	指示性	批复的目的是指导下级机关的工作，因此在表明态度后，还需概括地说明方针、政策以及执行中的注意事项

4.12.1.3　批复的分类

批复按其内容的不同，可分为表4-45所示的类型。

表4-45　批复的分类

序号	类型	具体说明
1	指示性批复	针对方针、政策性问题进行答复，不但同意下级机关的请示事项，而且就请示事项的落实、执行，上级机关还很有针对性地提出指示性意见；批复的指示性内容，在其管辖范围内，具有普遍的指导与规范作用
2	表态性批复	对请示事项表示同意或不同意的批复
3	否定性批复	上级机关对于下级机关的请示事项持否定态度的批复，这种批复不但要明确表示否定的态度，同时还需写明否定的理由，要对下级机关作出解释

4.12.1.4　批复的结构

批复一般由标题、主送机关、正文、署名、成文日期5部分组成，如表4-46所示。

4.12.1.5　批复的写作要求

批复的写作要求如表4-47所示。

表4-46 批复的组成

序号	组成	具体说明
1	标题	最常见的批复标题是完全式的标题，即由"发文机关＋事由＋文种"三部分构成。在事由中，一般将下级机关及请示的事由和问题写进去；还有一种完全式的标题由"发文机关＋表态词＋请示事项＋文种"构成，这种标题较为简明、全面和常用
2	主送机关	批复的主送机关，一般只有一个，那就是发出请示的下级机关。批复不能越级行文，当所请示的机关不能答复下级机关的问题而需要向所请示的机关的上一级机关转报"请示"时，该上一级机关所做批复的主机关不应是原请示机关，而应是"转报机关"。如果批复的内容同时涉及其他的机关和单位，那么要采用抄送的形式送达
3	正文	正文由批复引语、批复内容和结语三部分组成 （1）批复引语：先通过引叙来文以说明批复缘由，即点明批复的下级机关并写明来文日期、标题和文号，以交代批复的根据；然后写根据哪些有关的政策、规定而进行答复，或者用"经研究""经决定""批复如下"领起下文 （2）批复内容：写明对请示事项的批复意见，即针对"请示"的内容给予明确肯定（或否定）的答复或具体的指示，一般有三种情况 ——完全同意：不复述同意的理由，同意之后往往对落实批复内容提一些原则性要求，但亦应明晰、准确、简洁 ——不同意，一定讲明不同意的理由和根据 ——"基本同意""原则同意"，则应写明修正意见或补充处理方法 （3）批复结语：一般用"此复""特此批复"作为结语，结语应独占一段；也可以不写结束语
4	署名	写明发文机关
5	成文日期	用阿拉伯数字写全年、月、日

表4-47 批复的写作要求

序号	写作要求	具体说明
1	要慎重及时	批复机关收到请示后，要及时进行调查了解，掌握有关情况，根据现行政策法令及办事准则，经认真研究后，及时给予答复
2	要针对请示答复	请示要求一文一事，批复也应有针对性地一文一批复，请示要求解决什么问题，批复就答复什么问题，上下行文互相对应
3	要态度明确、表述准确	批复意见不管同意与否，必须十分清楚明白，态度明朗，不能含糊其词、模棱两可，以免下级无所适从

4.12.2　写作模板

＿＿＿＿＿（发文机关、事由）批复

＿＿＿＿＿＿＿＿＿（受文机关）：

　　你＿＿＿＿＿＿＿＿＿＿＿＿＿＿＿＿＿＿＿＿＿＿＿＿＿＿（对方的请示）收悉。根据关于＿＿＿＿＿＿＿＿＿＿＿＿＿＿＿＿＿＿的规定，现批复如下。

　　＿＿＿。（批复事项）

　　＿＿。（执行要求）

＿＿＿＿＿＿＿＿（发文机关、印章）

＿＿＿＿＿＿＿＿（发文时间）

4.12.3　写作范本

××市××区发展和改革委员会关于××路天然气工程项目核准的批复

××市燃气集团有限责任公司：

　　你单位《关于××路天然气工程项目核准的请示》《关于××路天然气工程项目招标方案核准的请示》收悉。根据××分局×××××等相关文件，经研究，同意××市燃气集团有限责任公司实施××路天然气工程项目，现就有关事项批复如下。

　　一、建设地点：项目自××路至××路，沿××路西侧7.75米，北侧与××路规划中压燃气管线相接，南侧与××路规划中压燃气管线相接，具体地点以规划意见为准。

二、建设内容及规模：项目新建DN300中压燃气管线2860米。

三、项目总投资及资金来源：项目总投资599.53万元，全部由××市燃气集团有限责任公司自筹解决。

四、各种税费的缴纳，按国家、市及区的有关规定执行。

五、本批复附《建设项目招标方案核准意见书》1份，请项目单位据此依法开展招标工作。在建设项目设施过程中，确有特殊情况需要变更已核准的招标方案的，应当报我委重新核准。

六、本批复有效期为2年，在有效期内办理年度投资计划或取得延期批复的，本文件继续有效。

请据此办理有关手续。

附件：建设项目招标方案核准意见书

××市××区发展和改革委员会

20××年×月×日

范本2

××监管分局关于×××任职资格的批复

××银行××支行：

你支行《××银行××支行关于核准×××任职资格的请示》(×发〔20××〕×号)收悉。经审核，核准×××的××银行××支行副行长(主持工作)任职资格。

请你支行按有关法律法规规定及时发布上述高级管理人员的任命文件。

此复。

××监管分局

20××年×月×日

 范本3

××市人民政府关于《××片区控制性详细规划及城市设计》的批复

市自然资源规划局：

你局《关于申请批复〈××区控制性详细规划及城市设计〉的请示》收悉。经研究，批复如下。

一、原则同意《××片区控制性详细规划及城市设计》。

二、规划范围：（略）。

三、规划定位：××片区是以居住生活、公共服务、现代物流和智能制造功能为主的产城融合示范区。

四、规划目标为遵循生态优先、公交引领、职住均衡和保障公共利益的原则，落实《××市城市总体规划（20××～20××年）》对该片区的总体要求，融合"创新、协调、绿色、开放、共享"五大发展理念，大力推进××工业园新旧动能转换，绿色低碳发展的新方式，高起点定位、高标准规划、高品位打造，着力塑造××宜居宜业的××新城区。

五、你局要严格按照规划依法实施和管理，未经法定程序批准，任何单位和个人不得随意变更规划。因上述规划变更或规划实施需要等，需对上述规划进行调整的，按有关规定执行。

××市人民政府

20××年×月×日

4.13 议案的写作

4.13.1 写作常识

4.13.1.1 议案的概念

议案是各级人民政府按照法律程序向同级人民代表大会或人民代表大会常务委员会提出并需大会列入议程，进行讨论、审议和决定的议事原案，属于报请类公文。

议案适用于各级人民政府按照法律程序向同级人民代表大会或者人民代表大会常务委员会提请审议事项。

4.13.1.2 议案的特点

议案具有表4-48所示的特点。

表4-48 议案的特点

序号	特点	具体说明
1	制发机关的法定性	议案的制发机关只能是各级人民政府，政府的职能部门无权制发
2	内容的特定性	人民政府所提议案的内容必须属于该人民代表大会或常务委员会职权范围内的有关事项
3	时效的规定性	各级人民政府的议案必须在同级人民代表人会或其常务委员会举行会议规定的限期前提出，否则不能列为议案，超过期限提交的议案一般改做"建议"处理，或移交下次人大会议处理。提交大会审议的议案，必须限期审议表决或提出处理意见
4	行文的定向性	议案只能由各级人民政府向同级人民代表大会或其常务委员会行文，不能向其他部门单位行文，主送机关也只有一个
5	事项的必要性和可行性	适合提交人大议案审议的事项，必须是重要事项，符合人民群众的意愿和要求，而且议案中提出的措施也必须是切实可行的，只有这样才有可能获得通过

4.13.1.3　议案的分类

议案按其内容的不同，可分为表4-49所示的4类。

表4-49　议案的分类

序号	类型	具体说明
1	立法性议案	立法性议案主要在两种情况下使用：一种是政府机构制定了某项法律或法规之后提请人大审议通过时，如《国务院关于提请审议〈中华人民共和国××法（草案）〉的议案》；另一种是建议、请求某行政机构制定某项法规时，如《关于尽早制定我省××条例的议案》
2	重大事项的决策性议案	关于财政预算决算、城乡发展规划、重大工程上马，以及政治、经济、文化、教育、科技和卫生等领域中的重大事项的决策，需要提请人民代表大会审议批准时使用的议案，就属于重大事项的决策性议案，如《国务院关于提请审议××工程的议案》《××市人民政府关于组织动员全市人民综合治理开发建设××的议案》
3	任免性议案	行政机关向权力机关提请任命、免去或撤销行政机关工作人员职务，请求人民代表大会审议批准的议案，就是任免性议案，如《国务院关于提请××等同志职务任免的议案》
4	建议性议案	以行政部门的身份向权力部门提出建议，也可以使用议案，这种议案有些像建议报告，供人民代表大会审议、采纳

4.13.1.4　议案的结构

议案一般由公文常规的标题、主送机关、正文、附件和落款5部分组成，如表4-50所示。

表4-50　议案的组成

序号	组成	具体说明
1	标题	标题一般有两种形式 （1）由"发文机关＋事由（提请审议事项）＋文种"三部分组成，如《国务院关于提请审议〈中华人民共和国劳动法（草案）〉的议案》，发文机关是国务院，事由是"关于提请审议〈中华人民共和国劳动法（草案）〉"，文种即"议案" （2）省略发文机关，只有"案由＋文种"组成，如《关于提请审议修改后的××改革方案的议案》
2	主送机关	议案的主送机关只能是同级人民代表大会及其常务委员会，不能有其他并列机关，要采用全称或规范化简称，不得随意简化

续表

序号	组成	具体说明
3	正文	正文一般由以下3部分组成 （1）案据：是指提出议案的依据，包括提出审议事项的目的、原因、意义等 （2）方案：提出需审议的事项，包括措施、办法及其产生经过等 （3）结语：一般提出审议要求，如"请予审议""现提请审议""请审议决定""请审议批准"等
4	附件	根据正文需要附上需要具体审议的文件本身
5	落款	制发此议案的一级人民政府的名称，或政府首长的职务、姓名，并签明日期，加盖公章

4.13.1.5　议案的写作要求

议案的写作要求如表4-51所示。

表4-51　议案的写作要求

序号	写作要求	具体说明
1	正确使用文种	议案的作者是各级人民政府，受文单位为同级的人民代表大会或其常务委员会
2	内容一案一事	议案的撰写目的是为了提请审议，因此要求一案一事，有针对性
3	要审议的应加"草案"	需要审议的法规草案、重大事项安排草案都需要将草案列为附件，以供审议；提请审议的法律、法规要在其名称后面用圆弧写上"草案"两字

4.13.2　写作模板

_____（发文机关、事由）议案

_____人大常委会（主送机关）：

　　根据_____
（提请审议的缘由、目的和意义等）。现提请本次会议研究，请予审议。

　　_____

_____。（提请审议的内容、形成过程、要求等）

。（审议事项或问题解决途径、方法等）

　　　　　　　　　　　　　　　　　　（发文机关和行政首长签名）

　　　　　　　　　　　　　　　　　　（提请审议的日期）

4.13.3　写作范本

 范本 1

××市人民政府关于提请审议××市20××年政府投资项目计划（草案）的议案

××市人大常委会：

　　为充分发挥政府投资项目在我市经济社会发展中的基础配置和引领作用，在深入调研的基础上，围绕××经济区副中心城市建设及加快推进城镇化的总体要求，按照"保民生、促畅通、活产业、顾长远"的思路，根据《××市政府投资项目管理条例》相关规定，结合省、市经济工作会议精神及市政府工作报告，市政府拟定了《××市20××年政府投资项目计划（草案）》（以下简称"《计划（草案）》"）的议案。《计划（草案）》已经市政府常务会议研究确定并报市人大主任会议审议通过。现提请本次会议研究，请予审议。

　　一、项目总体安排情况

　　《计划（草案）》以城乡公共基础设施、城乡公共管理和公益性社会事业、保护和改善环境、推进科技进步和高技术产业化四大领域为重点，结合我市实际财力状况及经济、社会发展需要，共安排市本级政府投资项目×个，总投资××亿元。

　　二、亿元以上项目安排情况

　　（略）。

三、主要措施

（一）健全机制，全力加快项目进度

（略）。

（二）多措并举，积极筹措建设资金

（略）。

（三）严格管理，提高政府投资效益

（略）。

（四）转变观念，规范政府投资管理模式

（略）。

（五）强化监督，确保政府投资安全、高效

（略）。

××市人民政府

20××年×月×日

 **范本2**

××区人民政府关于提请任命×××同志职务的议案

××市人大常委会：

因工作需要，现依据《中华人民共和国××组织法》有关规定以及×××提名，提请任命下列人员职务。

任命×××同志为××区人民政府副区长。

请审议决定。

附件：×××同志简历

××区人民政府区长　　|　签名章　|

20××年×月×日

4.14　函的写作

4.14.1　写作常识

4.14.1.1　函的概念

函是上下级和平行机关或不相附属机关之间在商洽和接洽工作、询问和答复问题时所应用的文体。

函适用于不相隶属机关之间商洽工作、询问和答复问题、请求批准和答复审批事项。

4.14.1.2　函的特点

函具有表4-52所示的特点。

表4-52　函的特点

序号	特点	具体说明
1	行文对象的广泛性	函可以是任何不相隶属机关之间的单一行文
2	行文方向的平行性	它的基本行文方向是向同级机关和不相隶属机关之间行文
3	内容的简便灵活性	函的内容大多简约直接，形式精短，因而在商洽工作、联系有关事项时十分灵活

4.14.1.3　函的分类

按照不同的标准，函可以有不同的分类。

（1）按照行文方向的不同，可分为发函与复函，如表4-53所示。

表4-53　按函的行文方向分类

序号	类型	具体说明
1	发函	发函也称去函、问函，是本机关主动向对方去函的
2	复函	回复对方来函称为复函，是指回复询问或批准事项等的函

（2）按照内容和目的不同，可分为商洽函、答询函、请批函、告知函4类，如表4-54所示。

表4-54　按函的内容和目的分类

序号	类型	具体说明
1	商洽函	商洽函用于不相隶属机关之间商洽工作
2	答询函	答询函用于不相隶属机关或部门之间相互询问或答复问题
3	请批函	请批函用于向有关部门请求批准事项
4	告知函	告知函亦称通报函，用于将某一活动或情况告知对方；告知函不需对方回复

（3）按照内容的轻重，可分为公函与便函，如表4-55所示。

表4-55　按函的内容轻重分类

序号	类型	具体说明
1	公函	公函的内容比较重要，行文郑重，有完整的公文格式
2	便函	便函大多适用于一般性的事务性工作，没有完整的公文格式，只有上款和下款；不列函件标题与发文字号，可以加盖公章，也可以个人署名；便函一般不归档，但仍用于公务

小提示

事实上，公函与便函只是内容重要程度以及公文格式上的区别，写法实质上几乎没有差异。

4.14.1.4　函的结构

由于函的类别较多，从制作格式到内容表述均有一定的灵活机动性。这里主要介绍规范性公函的结构、内容和写法。

公函由标题、主送机关、正文和落款4部分组成，其各部分的格式、内容和写法要求如表4-56所示。

4.14.1.5　函的写作要求

函的写作要求如表4-57所示。

表4-56　函的组成

序号	组成	具体说明
1	标题	公函的标题一般有两种形式 （1）由"发文机关+事由+文种"构成 （2）由"事由+文种"构成
2	主送机关	主送机关即受文并办理来函事项的机关单位
3	正文	正文一般由开头、主体、结尾和结语四部分组成 （1）开头：主要说明发函的缘由，一般要求概括交代发函的目的、根据和原因等内容，然后用"现将有关问题说明如下"或"现将有关事项函复如下"等过渡语转入下文；复函的缘由部分一般先引叙来文的标题、发文字号，然后再交代根据，以说明发文的缘由 （2）主体：这是函的核心内容部分，主要说明致函事项。函的事项部分内容单一，一函一事，行文要直陈其事；无论是商洽工作、询问和答复问题，还是向有关主管部门请求批准事项，都要用简洁得体的语言把需要告诉对方的问题、意见写清楚；如果属于复函，还要注意答复事项的针对性和明确性 （3）结尾：此部分一般用礼貌性语言向对方提出希望，或请对方协助解决某一问题，或请对方及时复函，或请对方提出意见或请主管部门批准等 （4）结语：此部分通常应根据函询、函告、函商或函复的事项，选择不同的结束语，如"特此函询（商）""请即复函""特此函告""特此函复"等，有的函也可以不用结束语，如属便函，可以像普通信件一样使用"此致""敬礼"
4	落款	一般包括署名和成文时间两部分内容，即署明机关单位名称，注明成文时间的年、月、日，并加盖公章

表4-57　函的写作要求

序号	写作要求	具体说明
1	一事一函	有一说一，切忌一函数事
2	内容简洁	开门见山，不要问候、寒暄、客套
3	用语得体	（1）发函要使用平和、礼貌、诚恳的语言，对主管机关要尊重、谦敬，对级别低的单位要平和，对平行单位和不相隶属的单位要友善，切忌使用生硬、命令性的语言 （2）复函，则态度要明朗，语言要准确，避免含糊笼统、犹豫不定

请示与函的区别

函是不相隶属机关之间商洽工作、询问和答复问题、请求批准和答复审批事项的公文。函可分为商函、询答函、请批函（请求批准函、审批函）。函在公文往来中使用比较广泛，其主要作用体现在两个方面：一方面是不相隶属的同系统部门之间询问和答复工作；另一方面是请求平行或不相隶属的职能部门批准有关事项，不能用请示或报告，应使用请求批准函。

在公文撰写中，容易将"请求批准函"误认为请示或报告文种，在与平行或不相隶属的机关行文时使用请示或报告是欠妥的。请示与请求批准函有严格的区别，主要体现在以下五个方面。

1.类型不同

请示是上行文；请求批准函是平行文。

2.主送机关不同

请示的主送机关是具有领导、指导关系的上级机关；请求批准函的主送机关是平行或不相隶属的职能单位。

3.内容范围不同

请示是请求批准、指示；请求批准函是请求批准某项职能事项。

4.行文语气不同

请示的用语应尊重上级机关；请求批准函应互相尊重。

5.批复方式不同

请示的事项由上级机关批复下级机关；请求批准函的有关批准事项由受文单位复函（审批函）。

4.14.2 写作模板

4.14.2.1 发函的模板

_____（发文机关、事由）函

_____（主送机关）：

按照＿＿＿＿＿＿＿＿＿＿＿＿＿＿＿＿＿＿＿＿＿＿＿＿＿＿＿＿＿＿

＿＿＿＿＿＿＿＿＿＿＿＿＿＿＿＿＿＿＿＿＿＿＿＿＿＿＿＿＿＿＿＿＿＿

＿＿＿＿＿＿＿＿＿＿＿＿＿＿＿＿＿＿＿＿＿＿＿。（发函缘由）

＿＿＿＿＿＿＿＿＿＿＿＿＿＿＿＿＿＿＿＿＿＿＿＿＿＿＿＿＿＿＿＿＿＿

＿＿＿＿＿＿＿＿＿＿＿＿＿＿＿＿＿＿＿＿＿＿＿＿＿＿＿＿＿＿＿＿＿＿

＿＿＿＿＿＿＿＿＿＿＿＿＿＿＿＿＿＿。（发函事项，包括商洽、请批、答复的
具体内容）

　　特此函告。

＿＿＿＿＿＿＿＿（发函机关、印章）

＿＿＿＿＿＿＿＿（发函时间）

4.14.2.2　复函的模板

＿＿＿＿＿＿（发文机关、事由）复函

＿＿＿＿＿＿＿＿＿＿（主送机关）：

　　你＿＿＿（单位或部门）＿＿＿关于＿＿＿（来函的标题和发文字号）＿＿＿的来函收悉。
经研究（批准）同意，＿＿＿＿＿＿＿＿＿＿＿＿＿＿＿＿＿，现复函如下。

＿＿＿＿＿＿＿＿＿＿＿＿＿＿＿＿＿＿＿＿＿＿＿＿＿＿＿＿＿＿＿＿＿＿

＿＿＿＿＿＿＿＿＿＿＿＿＿＿＿＿＿＿＿＿＿＿＿＿＿＿＿＿＿＿＿＿＿＿

＿＿＿＿＿＿＿＿＿＿＿＿＿＿。（针对来函的问题提出处理意见或办法）

＿＿＿＿＿＿＿＿＿＿＿＿＿＿＿＿＿＿＿＿＿＿＿＿＿＿＿＿＿＿＿＿＿＿

＿＿＿＿＿＿＿＿＿＿＿＿＿＿＿＿＿＿＿＿＿＿＿＿＿＿＿＿＿＿＿＿＿＿

＿＿＿＿＿＿＿＿＿＿＿＿＿＿＿＿＿＿。（提出希望、做法、要求）

　　特此函复。

＿＿＿＿＿＿＿＿（发函机关、印章）

＿＿＿＿＿＿＿＿（发函时间）

4.14.3 写作范本

 范本1

关于申请我镇办公大楼维修推迟开标的函

市招投标局：

根据市委相关文件精神，全市定于×月×日为村"两委"班子换届工作村党组织换届选举日。我镇全体党政班子成员必须全程到村组织换届选举工作，特致函贵局将我镇办公大楼维修工程开标日期推迟一天，即为×月×日。

专此致函，恳请批复。

×× 市 ×× 镇人民政府办公室

20××年×月×日

 范本2

××县农业局关于公开招聘事业单位工作人员的联系函

××大学、××学校、××学院等院校长办公室：

××县农业局及乡镇农业技术推广综合站（全额拨款事业单位）今年拟公开考试招聘工作人员6名（具体见附表），××县政府已批复同意。请贵校及时按要求告知符合条件的毕业生前来报名，如有意报名的学生，请于20××年×月×～×日（初定）到"××人事考试网（http://××××××）"报名参加招聘考试。请广为宣传。

此函。

附件:《20××年××县农业局招聘工作人员计划表》

××县农业局

20××年×月×日

 **范本3**

关于调整我市污水处理费及相关政策的复函

市水务局:

你局《关于申请调整城市污水处理费征收标准的函》(××函〔20××〕×号)收悉。经召开价格听证会和实施价格成本监审,并经市政府××会议审议通过,现就调整污水处理费及相关政策的有关事项函复如下。

一、调整污水处理收费标准。

(略)。

二、调整污水处理费的相关配套政策。

(略)。

三、污水处理费由财政部门设立专户进行管理,专项用于污水处理。其中,××区、××区、××区污水处理费由市财政部门设立专户管理,××、××两区由区财政部门设立专户管理。

四、为加强对污水处理费征收、使用的管理,我局会同你局及市财政局制定污水处理费收支管理办法和污水处理费支付标准,按规定程序报市政府审批后实施。

五、新的污水处理收费标准及相关政策从20××年×月起(×月份用水量)执行。

六、以上规定,请你局组织相关单位贯彻实施,并做好对社会的宣传解释工作。

此复。

××市发展和改革委员会

20××年×月×日

4.15 纪要的写作

4.15.1 写作常识

4.15.1.1 纪要的概念

纪要是记载和传达会议基本情况或主要精神、议定事项等内容的规定性公文，是在对会议讨论的事项加以归纳、整理的基础上，将其反映出来的一种实录性公文文种。

纪要适用于记载会议主要情况和议定事项。

4.15.1.2 纪要的特点

纪要具有表4-58所示的特点。

表4-58 纪要的特点

序号	特点	具体说明
1	纪实性	会议纪要必须是会议宗旨、基本精神和所议定事项的概要纪实，不能随意增减和更改内容，任何不真实的材料都不得写进会议纪要
2	概括性	会议纪要必须精其髓、概其要，以极为简洁精练的文字高度概括会议的内容和结论，其既要反映与会者的一致意见，又要兼顾个别与会者有价值的建议，有的会议纪要还设置一定的分析说理模块
3	条理性	会议纪要应对会议精神和议定事项分类别、分层次予以归纳、概括，使之眉目清晰、条理清楚

4.15.1.3 纪要的分类

纪要按其记载内容的不同，可分为表4-59所示的3类。

表4-59 纪要的分类

序号	类型	具体说明
1	指示性纪要	是一种指导性文件，在行文中要提出工作中的问题，并加以分析，然后提出解决问题的政策性措施

续表

序号	类型	具体说明
2	决定性纪要	是反映国家机关、社会团体、企事业单位办公会或例会所作出的决定事项,这种会议纪要有专题和综合之分,其特点是不仅要写明会议议定的事项,还要写明执行的要求
3	情况性纪要	是写明会议按法定程序办了些什么事情,不要求贯彻执行,只是一种告知公文

4.15.1.4　纪要的结构

纪要主要由标题、成文日期、正文、落款等4部分组成,如表4-60所示。

表4-60　纪要的组成

序号	组成	具体说明
1	标题	标题有以下3种形式 (1)由"发文机关+会议名称+文种"组成,如《××区人事局第×次办公会议纪要》 (2)由"会议名称+文种"组成,如《全国财贸工会工作会议纪要》,会议名称可以写简称,也可以用开会地点作为会议名称 (3)采用主副标题,把会议的主要内容在标题里揭示出来,类似文件标题,如《抓住机遇扩大开放——沿长江五市对外开放研讨会议纪要》
2	成文日期	会议纪要的成文日期一般加括号写在标题之下正中的位置,以会议通过时间或领导签发日期为准;成文日期也可以出现在正文之后
3	正文	正文主要包括前言、主体、结尾3部分 (1)前言:主要用来记述会议的基本情况,包括召开会议的时间、地点、会议名称、主持人、主要出席人、会议主要议程、讨论的主要问题等 (2)主体:是会议纪要的核心部分,会议的主要精神、议定事项、会议上的各种观点及争鸣情况等,都在这一部分予以表述;多数情况,这部分内容需要分条分项撰写,不分条的,多用"会议指出""会议认为""会议要求"等惯用语作为各层意思的开头语,以体现内容的层次感 (3)结尾:一般比较简短,通常用来强调意义、提出希望和号召等,在不影响全文结构完整的前提下,也可以不写专门的结尾部分
4	落款	如果未在前面的标题或题下标示中注明制发单位名称和制发日期的,则要在正文后签署,也有的会议纪要不署名

4.15.1.5 纪要的写作要求

纪要的写作要求如表4-61所示。

表4-61 纪要的写作要求

序号	写作要求	具体说明
1	明确会议宗旨，突出中心	（1）一次工作会议，涉及的问题很多，在写会议纪要时，必须抓住会议所集中解决的几个主要问题，形成纪要的中心，切不可面面俱到。同时，一次工作会议，在具体讨论中必然会产生几种不同意见，不能把这些意见都纳入会议纪要，而应根据会议的宗旨，分析综合各种意见，集中反映符合会议中心要求的多数人的一致意见，也要注意吸收少数人正确的意见 （2）对反映会议中心议题的正确意见，可采用"会议听取了""会议讨论了""会议研究了""会议认为""会议决定""会议指出""会议强调"等提法，加以集中概括、简明扼要地反映出来；对有分歧的意见，如属研讨性质的会议可写进会议纪要中去
2	讲究用语	要按照会议纪要的不同用途，恰当地使用不同的用语。上报的会议纪要，就应使用对上的语气，如"会议讨论了以下几个问题""会议考虑"等；下发的会议纪要，则可用"会议决定""会议要求""会议强调""会议号召"等
3	要条理化、理论化	这是会议纪要与会议记录的一个主要区别。会议记录一般要把每个人的发言尽量客观、详细地记录下来，而会议纪要则需要有一个对会议讨论意见的综合、分析、整理加工的过程，这个过程也就是条理化、理论化的过程。所谓条理化，就是要对会议讨论的意见，分类归纳，层次清晰；所谓理论化，就是要对会议讨论的意见，尽力给予理论上的概括，提纲挈领，画龙点睛。当然条理化、理论化，并不是脱离会议实际，搞虚假的"粉饰"和"拔高"

相关链接

会议纪要与会议记录的区别

1.使用范围不同

会议记录适用于任何正式会议，会议纪要则限于较重要的会议使用。

2.文体性质不同

会议记录一般被视为资料，它不能作为文件分发，而会议纪要则属于正式公文。

3.记录重心不同

会议记录是从头到尾把会议情况全部照录，强调完整性；会议纪要则是综合概括会议基本情况和基本精神，强调概括性。会议纪要是对会议记录的再加工。

4.15.2　写作模板

××× 会议纪要

×月×日，××（职务）×××主持召开了×××会议。现将会议精神和议定事项纪要如下。

_____

_____（会议精神和议定事项）。

出席：×××、×××、×××、×××

缺席：×××（原因）

列席：×××、×××

4.15.3　写作范本

 **范本 1**

××学院党政联席会议纪要

20××年×月×日，党总支书记×××在学院党员活动室主持召开20××年第×次党政联席会议。会议纪要如下。

一、部署20××年迎新工作

学院研究生秘书×××传达了关于印发《××大学20××年迎新工

作方案》的通知精神，并汇报了学院迎新工作的具体安排。党总支书记×××、院长×××对迎新工作细节工作做了强调。

二、传达会议精神

新生班主任×××传达了学校"大学生创新、创业大赛"会议精神。

三、专题研究、部署师德师风建设月工作

院长×××结合学校"关于开展第×届师德建设月活动的通知"精神，部署学院专项工作，开展师德文件规范学习。结合本单位实际，采取多种形式，扎实做好《中共中央国务院关于全面深化新时代教师队伍建设改革的意见》《教育部关于建立健全高校师德建设长效机制的意见》《新时代高校教师职业行为十项准则》《教育部关于高校教师师德失范行为处理的指导意见》《××大学教师职业道德规范实施细则（试行）》等文件的宣传解读与贯彻落实工作，促使广大教师真正做到教书和育人相统一，言传和身教相统一，潜心问道和关注社会相统一，学术自由和学术规范相统一。牵头单位：党委宣传部（党委教师工作部）、工会、全校各单位。

四、部署四史教育工作

经研究决定，面向全院师生开展党史、国史、改革开放史和社会主义发展史教育，采取学生宣讲、教师集体备课学习等多种方式进行。

五、部署第×届全省学生"学宪法讲宪法"活动

党总支书记×××传达"关于组织开展第五届全省学生'学宪法讲宪法'活动的通知"，结合学院实际情况，经研究采取宪法日活动宣传教育、学生自学等多种形式，由院研究生会组织开展。

出席：×××、×××、×××、×××。
列席：×××、×××、×××。

 **范本2**

××省民族学会第×届理事会会议纪要

时间：20××年×月×日（周×上午8：30）
地点：党委会议室

主持人：×××（××省民族学会专职副会长）

参加人员：×××（××省政协民族宗教委员会主任）

×××（××省民族学会会长）

×××（××省民族学会副秘书长）

（略）。

列席人员：×××（××省民族学会财务处）

×××（××省民族学会秘书处）

（略）。

经秘书处建议，××省民族学会将启动第×届换届工作，根据《××省民族学会章程》，召开理事会议对换届事宜进行讨论，并成立第×届理事会筹备工作领导小组，现纪要如下。

一、会议议程

（一）通报第×届理事会换届筹备工作进展情况。

（二）通报第×届理事会换届事宜。

（三）通报第×届理事会换届工作筹备组人员名单。

（四）研究讨论第×届理事会人员组成结构。

（五）讨论各专业委员会换届事宜。

（六）通报《××省民族学会关于支持民商网（民族学会）栏目建设的通知》（×民学〔20××〕×号）。

二、会议过程

第一项议程，（略）。

第二项议程，（略）。

第三项议程，（略）。

第四项议程，（略）。

第五项议程，（略）。

第六项议程，（略）。

最后，×××专职副会长向与会代表介绍社会团体与政府脱钩和政府购买社会组织服务的相关信息，要求各研究委员会要认真研究相关文件，充分发挥职能，为××省建设民族团结示范区努力奋斗。

第5章

常用公文的写作

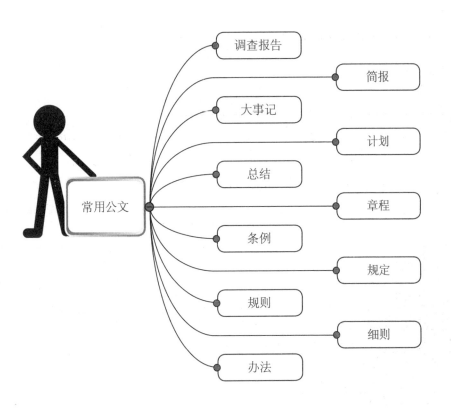

5.1　调查报告的写作

5.1.1　写作常识

5.1.1.1　调查报告的概念

调查报告是指基于对现实生活中较为重大的事件、情况或问题的实地调查，经过归纳整理和分析研究，以揭露事件真相、总结工作经验、探索问题解决方法、探讨事物发展规律而形成的书面报告。

5.1.1.2　调查报告的特点

调查报告具有表5-1所示的特点。

表5-1　调查报告的特点

序号	特点	具体说明
1	内容真实	真实性是调查报告的生命所在，必须以充分、确凿的事实为依据，通过具体情况、数字、做法、经验、不足等说明问题，揭示规律，从实际出发，用事实说话，才能对制定政策与方针具有指导意义
2	针对性强	调查报告一般有比较明确的指向，调查取证都针对和围绕某一问题展开，针对性越强，作用越大
3	材料典型	为使调查报告更具说服力，应选取典型的、有代表性的材料，从中探索事物的发展规律，寻求解决矛盾的办法，以点带面，给全局工作提供借鉴
4	揭示规律	调查报告离不开确凿的事实，但又不是材料的机械堆砌，应对事实材料进行分析、研究，揭示事物的本质，阐明规律，指导实践；能否揭示事物发展规律，是衡量调查报告好坏的基本标准

5.1.1.3　调查报告的分类

调查报告按其内容的不同，可分为表5-2所示的3类。

5.1.1.4　调查报告的结构

调查报告一般由标题和正文两部分组成，如表5-3所示。

表5-2　调查报告的分类

序号	类型	具体说明
1	情况调查报告	是比较系统地反映本地区、本单位基本情况的一种调查报告，这种调查报告是为了弄清情况，供决策者使用
2	典型经验调查报告	是通过分析典型事例，总结工作中出现的新经验，从而指导和推动某方面工作的一种调查报告
3	问题调查报告	是针对某一方面的问题，进行专项调查，澄清事实真相，判明问题的原因和性质，确定造成的危害，并提出解决问题的途径和建议，为问题的最后处理提供依据，也为其他有关方面提供参考和借鉴的一种调查报告

表5-3　调查报告的组成

序号	组成	具体说明
1	标题	标题可以有以下两种写法 （1）规范化的标题格式，即"发文主题+文种"，如"××关于××××的调查报告""关于××××的调查报告""××××调查"等 （2）自由式标题，包括陈述式、提问式和正副题结合使用三种。陈述式如《东北师范大学硕十毕业生就业情况调查》；提问式如《为什么大学毕业生择业倾向沿海和京津地区》；正副标题结合式，正题陈述调查报告的主要结论或提出中心问题，副题标明调查的对象、范围、问题，这实际上类似于"发文主题+文种"的规范格式，如《高校发展重在学科建设——××××大学学科建设实践思考》等。作为公文，最好用规范化的标题格式或自由式中正副题结合式标题
2	正文	正文一般分前言、主体、结尾三部分 （1）前言起到画龙点睛的作用，要精练概括，直切主题。前言有以下几种写法： ——写明调查的起因或目的、时间和地点、对象或范围、经过与方法，以及人员组成等调查本身的情况，从中引出中心问题或基本结论来 ——写明调查对象的历史背景、大致发展经过、现实状况、主要成绩、突出问题等基本情况，进而提出中心问题或主要观点来 ——开门见山，直接概括出调查的结果，如肯定做法、指出问题、提示影响、说明中心内容等 （2）主体。这是调查报告最主要的部分，这部分详述调查研究的基本情况、做法、经验，以及分析调查研究所有材料得出的各种具体认识、观点和基本结论 （3）结尾。结尾的写法也比较多，可以提出解决问题的方法、对策或下一步改进工作的建议；或总结全文的主要观点，进一步深化主题；或提出问题，引发人们的进一步思考；或展望前景，发出鼓舞和号召

5.1.1.5　调查报告的写作要求

调查报告的写作要求如表5-4所示。

表5-4　调查报告的写作要求

序号	写作要求	具体说明
1	掌握充分的材料	调查之前要做好充分准备，有针对性地制订计划、确定调查步骤、选好题目、明确目的、确定对象、拟订提纲等，并运用各种调查方法，尽可能客观、深入、全面地掌握第一手材料，包括直接的、间接的、正面的、反面的
2	认真分析材料	写调查报告，是要透过材料，找出带有规律性、具有最普遍指导意义的东西，并概括提炼成观点，从感性认识升华到理性认识，并最终指导实践
3	观点与材料一致	调查报告用事实说话，以叙述为主，但事实需要用正确的观点来统率，即用观点统率材料，材料说明观点，使叙述的事实和议论的观点有机地结合起来。叙议结合的办法，可以先叙后议，也可先"论"后"叙"，还可夹叙夹议
4	合理安排结构	调查报告既要提出问题，又要解决问题；既要摆事实，又要讲道理；既要以材料说明观点，又要用观点统率材料。为此，在撰写时必须精心设计框架结构
5	用语生动活泼	调查报告要用事实说话，要反映事物发生、发展和变化的过程，并要对其进行分析，找出规律性的东西，用以指导工作。这样，在语言运用上，要善用比喻、排比、引用等修辞手法，力求生动活泼，富于表现力

5.1.2　写作模板

关于_____（事由）的调查报告

第一部分：前言

一、_____

_____

_____。（调查的依据、目的、对象等）

二、_____

_____

_____

_____。（概括调查的主要内容，阐述基本观点）

三、_____

_____

_____

_____。（介绍被调查对象的基本情况）

第二部分：主体

一、_____

_____

_____

_____。（列举调查的材料和数据，反映调查的事实）

二、_____

_____

_____

_____。（分析研究材料的数据，得出规律性的认识，阐明观点，得出结论）

第三部分：结尾

_____

_____

_____。

（依情况而定，或总结全文，或指出努力方向，或提出希望，或发出号召）

- -

5.1.3 写作范本

 **范本1**

垃圾分类成效明显——××市城乡居民垃圾分类意识及现状调查报告

在《××市生活垃圾管理条例》（以下简称《条例》）实施一周年之际，为了解××市生活垃圾分类工作相关情况，市统计局在全市16个区开展了城乡居民垃圾分类意识及现状调查和专题调研，共访问居民3210名。调查和调研结果显示，超9成被访者对所在小区（村）的垃圾分类工作表示满意。

一、分类带来积极变化，居民满意度明显提升

被访居民普遍反映《条例》实施以来，随着垃圾分类工作的深入推进，桶站硬件设施逐步配置到位，桶前指导力度不断增强，居民参与率逐步提升，小区整体环境变好（见图1）。部分小区还根据自身实际推出在桶站前放置消毒液的贴心服务，提高了居民自觉破袋分类投放垃圾的积极性。

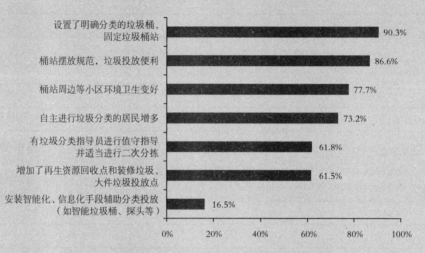

图1　一年以来所居住的小区（村）垃圾分类工作的变化

调查结果显示，当问及"您所在的小区（村）垃圾分类工作与上年年底相比如何"时，94.8%的居民选择了"有好转"；90.7%的被访者对所在小区（村）垃圾分类工作满意，比《条例》实施前的2020年1月[1]提高33.3个百分点。

二、居民参与度较高，分类精准度提升

当问及"您感觉所在小区（村）其他居民个人是否真正做到了垃圾分类"时，近9成（89.9%）被访者认为大部分居民能做到。当问及"您或您家平时如何进行垃圾分类"时，95.6%的被访者能够进行三种及以上的垃圾分类，这一比例较上年末[2]提高3个百分点。其中35.8%的被访者表示能对4类垃圾严格进行分类投放，59.8%的被访者基本能做到对可回收物、厨余垃圾和其他垃圾的分类投放。

三、宣传指导力度加大，有效调动了分类积极性

居委会、物业等垃圾分类责任主体通过形式多样的活动调动居民参与垃圾分类的积极性。当问及"您所在小区（村）是如何调动居民垃圾分类积极性"时，选择"桶前值守指导""悬挂宣传条幅或张贴宣传画等""入户宣传指导"的被访者均超7成（见图2），选择"组织主题宣讲活动"的接近6成。

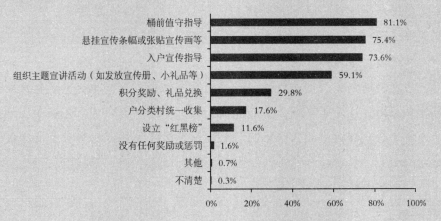

图2　小区（村）如何调动居民垃圾分类积极性

注：

【1】2020年1月，市统计局在全市16个区开展了城乡居民垃圾分类意识及现状调查，共访问居民3000名。

【2】2020年11～12月，市统计局在全市16个区开展了城乡居民垃圾分类意识及现状调查，共访问居民2500名。

 范本2

××街道"×·×"燃气管线损坏事故调查报告

20××年×月×日×时×分左右，××街道××街××小区门口××治理工程施工现场使用泥水平衡机械顶管作业，将PE200中压天然气

管道损坏，造成天然气泄漏，导致下游1842户居民用户停气，未造成人员伤亡，直接经济损失22.91万元。

事故发生后，区委区政府高度重视，区长×××第一时间到达现场指挥调度，副区长×××、×××、×××现场组织协调，要求切断漏气点气源，全力抢修燃气管线，尽快恢复小区供气，做好居民稳定工作，彻查事故原因和责任。按照区政府授权成立了由区应急局、××公安分局、××消防救援支队、区城市管理委、区水务局、区城管执法局、××街道组成的"×·×"事故调查组。

事故调查组按照"科学严谨、依法依规、实事求是、注重实效"的原则，通过现场勘验，调查取证，问询相关单位和人员，查明了事故发生的经过和原因，认定了事故性质和责任，提出了对有关责任人员和责任单位的处理建议，针对事故暴露出的问题提出了防范措施。现将有关情况报告如下。

一、事故基本情况

（略）。

二、事故发生经过及抢险救援情况

（略）。

三、事故原因和性质

（略）。

四、对相关责任人员和责任单位的责任分析及处理建议

（略）。

五、事故防范和整改措施建议

（略）。

附件：《××街道"×·×"燃气管线损坏事故调查报告签字确认表》

"×·×"事故调查组

20××年×月×日

 **范本3**

××县小分队奔赴××学习招商先进经验调查报告

受×××副书记、副县长的安排，×月×日至×日，由县工业集中区管委会副主任×××带队，组织县工业集中区管委会、县经信局、县招商局到××县就招商引资工作进行了实地考察和调研。现将考察学习情况和建议作如下汇报。

一、令人震惊的"××速度"

（略）。

二、值得借鉴的成功经验

（略）。

三、几点建议

（略）。

5.2 简报的写作

5.2.1 写作常识

5.2.1.1 简报的概念

简报，是党政机关、人民团体和企事业单位为汇报工作、反映情况、交流经验、沟通信息而编发的一种简短灵活的内部常用事务文书。

简报既可以用于对上级报告工作和业务情况，便于上级了解下情，及时做出指示和指导工作，也可以用于平级与下级之间沟通情况、交流经验，便于开展与推动工作。

简报是一种具有汇报性、交流性和指导性的简短、灵活的内部刊物。

5.2.1.2　简报的特点

简报具有表5-5所示的特点。

表5-5　简报的特点

序号	特点	具体说明
1	简明性	除综合性简报外，均为一事一报，字数以千字左右为宜，如内容很多，可分几期编发；行文平实，文字精练，只将"什么情况""怎么回事"写明即可
2	及时性	报道迅速快捷，讲究时效性；要写得快、编得快、印得快、发得快
3	新鲜性	内容新鲜，要反映新情况、新经验、新问题、新动向
4	真实性	真实准确，不能凭空想象和虚构

5.2.1.3　简报的分类

简报按其不同的标准，可分为不同的类型。比如，按时间分，可分为定期简报与不定期简报；按性质分，可分为综合简报与专题简报；按容量分，可分为一期一文简报与一期数文简报。在此，我们按内容和写法的不同来分，可将简报分为如表5-6所示的3类。

表5-6　简报的分类

序号	类型	具体说明
1	工作简报	这类简报，主要是用于反映本系统、本部门日常工作或问题的经常性简报；它包含的内容较广，是一种长期编发的，可定期或不定期的简报
2	动态简报	反映单位动态，一般是为进行决策提供依据的，特点是迅速及时，简明扼要地反映新近发生的事情、情况；这类简报反应快，动态性、时效性强
3	会议简报	这是在某一会议召开期间，为反映会议动态而专门编发的简报。会议简报多是一个会议发一期，也有一个会议发多期的。后一种情况的会议简报，主要用来反映会议进展情况、与会人员讨论提出的重要问题及建议和批评意见、大会决议事项、会议上的重要报告和领导同志讲话的摘要等，往往具有连续性，即通过一期期的简报，将会议进程中的情况接连不断地反映出来

5.2.1.4　简报的结构

简报一般由报头、标题、正文和报尾四部分组成，如表5-7所示。

表5-7 简报的组成

序号	组成	具体说明
1	报头	（1）简报一般都有固定的报头，包括简报的名称、期号、编发单位和发行日期 （2）报头在第一页上方，占全页三分之一左右 （3）中间是醒目的简报名称，名称下面是简报期号，可以按年度编号，也可以统一编号，可以用"第十八期"的形式，也可以用"（18）"的形式 （4）期号下面左侧是主编单位的全称，如"××办公室""××会议秘书处"等，右侧是印发日期 （5）有些简报根据需要，还应标明密级，如"内部参阅""秘密""机密""绝密"等，位置在简报名称的左上方
2	标题	（1）报头部分与标题和正文之间，一般都用一条粗线拦开 （2）简报的标题类似新闻的标题，要揭示主题，简短醒目
3	正文	（1）正文写作要求抓准问题、有的放矢，材料准确、内容真实，简明扼要，一目了然，内容实在、切忌空洞 （2）不要套话、空话，尽量不要用修饰语和修辞手法，以避免出现歧义，语言要求简洁易懂，力求以最少的文字表达最大的信息量 （3）主体部分可以相对固定的形式展开，比如"一是、二是、三是……"等格式，让人一目了然
4	报尾	（1）报尾在末页的最下方，沉底排两条平行的横线，中间空出，注明本期发放范围——报、送、发或加发的单位名称和个人职务姓名 （2）报尾部分应包括简报的报、送、发单位。报，指简报呈报的上级单位；送，指简报送往的同级单位或不相隶属的单位；发，指简报发放的下级单位 （3）报尾还应包括本期简报的印刷份数，以便于管理、查对 （4）报尾部分印在简报末页的下端

5.2.1.5 简报的写作要求

简报的写作要求如表5-8所示。

表5-8 简报的写作要求

序号	写作要求	具体说明
1	真实可靠	材料必须真实可靠，这是简报的"生命"。真实可靠是指任何一个情节乃至每一个细节（时间、地点、人物、数字等）都要准确无误，不能任意夸大、缩写和虚构，不能凭主观愿望而进行所谓加工、粉饰，不能把事后所想写在事前或事中，而且对事物的分析解释，也应当是科学的、符合实际的。总之，材料真实可靠是简报撰写必须遵守的一个原则

续表

序号	写作要求	具体说明
2	简明扼要	简报要简明扼要，绝不能搞得很长，否则就成了"通报"或"报告"了。一般来说，一份简报以1000字为宜，最多不要超过2000字。这样，就要求选材要典型，内容要集中，一份简报一个主题。选取典型材料，内容要集中，就必须把事情摸透，揭示事物本质，抓住关键，否则便会冗长臃肿、拖泥带水，使人厌倦。行文时要开门见山、直截了当，不说空话、不说套话
3	快写快发	简报具有新闻特点，有点像新闻中的"消息"，因此简报不求全、不求广、而求快，只有快，才能真正发挥简报对工作的指导作用，才能及时汇报工作、交流信息，为上级提供制定政策、决定问题的依据，否则内容再好，但迟到写出，落在工作之后，便失去简报所应起的作用和本身的价值
4	生动活泼	编写简报不是要板着脸说话，而是应该尽可能地生动活泼一些，使读者爱看，以获得深刻的印象。要做到生动活泼，可以适当吸收一些群众中的精练、富有概括性、深刻、生动形象的语言，板着脸打官腔的说法，读者是不欢迎的
5	注意保密	简报是内部刊物，是在行政机关内部交流和反映情况的。一定内容的简报，规定了一定的阅读范围，即使是一些经验总结、表扬批评以及贯彻党的方针政策等情况的简报，也要在规定范围内阅读，尤其是一些专为向领导反映情况，便于领导了解下情、研究工作的简报，一定要按规定送递有关领导部门及负责人，不可超出规定范围发放、传递

5.2.2　写作模板

_____简报

_____（期号）

_____（编发单位）　　　　　　　　　　　　　_____（发行日期）

_____（标题）

_____

_____。

（导语，简要概括报道的内容，说明报道的宗旨）

＿＿＿＿＿＿＿＿＿＿＿＿＿＿＿＿＿＿＿＿＿＿＿＿＿＿＿

＿＿＿＿＿＿＿＿＿＿＿＿＿＿＿＿＿＿＿＿＿＿＿＿＿＿＿

＿＿＿＿＿＿＿＿＿＿＿＿＿＿＿＿＿＿＿＿＿＿＿＿＿＿。

（主体，将导语的内容具体化，用材料来说明观点）

＿＿＿＿＿＿＿＿＿＿＿＿＿＿＿＿＿＿＿＿＿＿＿＿＿＿＿

＿＿＿＿＿＿＿＿＿＿＿＿＿＿＿＿＿＿＿＿＿＿＿＿＿＿＿

＿＿＿＿＿＿＿＿＿＿＿＿＿＿＿＿＿＿＿＿＿＿＿＿＿＿。

（结尾，视情况而定，可要可不要）

报：＿＿＿＿＿＿＿（上级单位或领导）

送：＿＿＿＿＿＿＿（平级或不相隶属的单位）

发：＿＿＿＿＿＿＿（下级单位）

＿＿＿＿＿＿＿＿＿＿（编发单位）　　　　　　　　共印××份

5.2.3　写作范本

　范本1

××市水务局党史学习教育简报

（第×期）

局党史学习教育领导小组办公室　　　　　　20××年×月×日

牢记回信嘱托　守护无价之宝

2020年8月30日，在密云水库建成六十周年之际，中央提出"密云水库作为北京重要的地表饮用水源地、水资源战略储备基地，已成为无价之宝"的新定位，要求我们再接再厉、善作善成，继续守护好密云水库，为建设美丽北京作出新的贡献。

　　一年来，密云水库蓄水量稳步攀升，水质水生态持续改善。特别是今年入汛以来，北京水务部门本着"保安全、多蓄水"的原则，坚持蓄滞结合，实施精准调度，推动密云水库蓄水量安全稳定增长。截至8月23日15时，密云水库蓄水量已达33.59亿立方米，突破历史最高纪录（1994年9月16日历史蓄水量33.58亿立方米）。24日早8点，密云水库蓄水量达到33.71亿立方米。

　　一年来，全市水务系统、相关各区各部门牢记总书记回信嘱托，以党史学习教育为重要契机，深入贯彻生态文明思想和总书记对北京重要讲话精神，发挥密云水库资源库、战略库、宝库的重大作用，坚持部门联动、市区协同、京冀携手，注重综合施策，系统统筹推进首都水资源保护与管理、水环境治理、水生态修复和防洪排涝等各项工作，不断发挥密云水库在首都水安全保障中的核心作用，扎实推进首都生态文明建设。

　　一是坚决守护好密云水库，持续深入加强水源保护和水生态修复。

　　（略）。

　　二是着力发挥密云水库综合效益，不断提升首都水安全保障能力和水平。

　　（略）。

　　三是深入践行"两山"理念，不断探索推进保水富民的新路径新实践。

　　（略）。

主送：局领导，驻局纪检监察组。

抄送：局总规划师、督察专员，局机关各处室，局属各单位。

××市水务局党史学习教育领导小组办公室　　　20××年×月×日印发

 **范本2**

××市"万人助万企"活动简报

（第×期）

××市"万人助万企"活动领导小组办公室　　　　20××年×月×日

省"万人助万企"活动第四服务工作组组织召开
××市重点服务企业座谈会

×月×日下午，省"万人助万企"活动第四服务工作组在××酒店三楼会议室召开××市重点服务企业座谈会。省工作组副组长、省公安厅二级警务专员×××出席会议，省工作组其他成员、市工信局相关同志、市"万人助万企"服务工作组重点包联30多家企业负责人等参加会议。会议由市政府副秘书长×××主持。

座谈会上，×××首先介绍了开展"万人助万企"活动的主要背景。（略）。

听取企业发言后，×××指出，（略）。

最后，×××表示，座谈会经常召开，服务企业的范围也会进一步扩大，请企业家们畅所欲言，真正把制约发展的问题及时反映上来，××市将积极配合省工作组走访调查、问题收集等工作开展，希望工作组多给××指导工作，多提宝贵意见，帮助解决好企业面临的突出问题和瓶颈制约，助力××晋位次争上游走前列，为全省经济高质量发展做出积极贡献。

报：××省"万人助万企"活动领导小组办公室，市委、市人大、市政府、市政协领导。

发：各县（市、区）、市直有关单位，市"万人助万企"活动各服务工作组。

5.3 大事记的写作

5.3.1 写作常识

5.3.1.1 大事记的概念

大事记是各级党政机关、人民团体、企事业单位用来记载一定历史时期内发生的重大活动或重大事件的历史资料性的特殊文体。

大事记一般主要记录本机关的组织变动情况、重要会议、上级机关的领导活动、本机关组织的主要活动等，要求提纲挈领、文字简洁、真实准确。

5.3.1.2 大事记的特点

大事记具有表5-9所示的特点。

表5-9   大事记的特点

序号	特点	具体说明
1	只记大事	大事记，顾名思义，就是对重大事件、重要活动的记载。大事是一个相对的概念。就一个具体单位来说，所谓大事，是指在一定时间、一定范围内有着重要意义和重大影响作用的事件。当然，一个基层单位的大事，也可能同时是本系统、本地区，甚至是国家大事。如重大的社会活动，包括政治活动、社会变革对本单位的影响；本单位参与的重大社会活动；本地区的社会动态等
2	客观纪实	大事记是一种特殊的记事性文体，具有纪实性的特点。撰写大事记必须尊重事实，要反映事物的本来面目，既不可夸大与缩小，更不能杜撰。大事记是用简述的方法来记录的，它不求细致，只要求将主要事实、时间、地点、人物、事件写清楚，对所记的事，不作出任何评价，不褒不贬、不爱不憎，力求客观自然
3	以时系事	大事记具有明显的时序性。不管哪一类大事记，对它所记载的大事、要事，都必须按事件出现的先后依次记录，不得随意改动事件发生的时间顺序。一系列的事件都是以发生时间先后梳理排列的，时序在记载事件过程中始终处于显要地位
4	内部编用	机关单位大事记，大多用来记录内部的历史，一般不公开发表，也不用公文的形式来传送，它是自编自用，只作为本单位的历史资料保存下来

5.3.1.3　大事记的分类

大事记的种类按不同的标准，可有不同的分类，如表5-10所示。

表5-10　大事记的分类

序号	分类标准	具体说明
1	按内容划分	可分为以下两种 （1）综合性大事记，即将本机关单位各方面的大事要事，按时间顺序进行记录 （2）专题性大事记，即将本机关单位不同内容的大事要事，按时间顺序分类进行记录
2	按制文机构职权范围划分	可分为世界大事记、全国大事记、地区大事记、部门大事记、单位大事记等
3	按制文机构性质划分	可以分为党政组织大事记、国家行政机关大事记、社会团体大事记、企业或事业单位大事记等
4	按时间跨度划分	可分为贯通古今大事记、断代大事记、年度大事记、季度大事记以及每月大事记，或每旬、每周、每日大事记等

5.3.1.4　大事记的结构

大事记的格式单一、固定，由标题和主体组成，如表5-11所示。

表5-11　大事记的组成

序号	组成	具体说明
1	标题	标题主要有以下4种形式 （1）由"制文单位＋事由＋文种"构成，如《中国新文学大事记》 （2）由"制文单位＋文种"构成，如《××人民政府大事记》 （3）由"事由＋文种"构成，如《企业改革大事记》 （4）由"制文单位＋时间＋文种"构成，如《××公司三月份大事记》
2	主体	其内容一般由时间和事件两部分组成，其中时间是按年、月、日的顺序依次排列；事件是指重要工作活动和重大事件，具体内容大致包括以下5个方面 （1）党和国家方针政策贯彻执行所产生的重大反响和出现的重大问题 （2）机构设置、体制变动、重要人事调动，如任免、离退休等机构和组织变动情况 （3）重要会议和重大活动，其中包括内务和外事活动 （4）上级到本地区、本部门参加重大活动，或检查、指导工作并作出重大决策或重要部署、指示等 （5）本地区、本部门的重要工作或重大事件，如取得的重大成绩、获取的重要数据，或发生的重大事件、事故、案件、灾情等，还包括群众反映的重大问题，提出的重要建议和意见，以及其他重要动态和需要记载的大事等

5.3.1.5　大事记的写作要求

大事记的写作要求如表5-12所示。

表5-12　大事记的写作要求

序号	写作要求	具体说明
1	专人负责，熟悉情况	大事记的编写，应有专门部门、专人负责。编写人员要了解党的方针政策，具备专业知识，这是编写好大事记的必不可少的条件，只有熟悉情况，随时了解掌握动态，才能知道哪些该记、哪些不该记
2	必须突出重点	大事记并不是事事都记，它所记载的应该是"大事"。就一个具体单位来说，大事是指在一定时间、一定范围内有着重要意义和重大影响的事件。编写大事记必须突出重点，记"大事"要防止凡事皆记，避免使大事记变成"流水账"的现象发生
3	必须实事求是	编写大事记必须以客观事实为依据，反映事情的本来面目，既不能渲染夸大，又不能以大化小，必须实事求是。对于时间、地点、人物、数字等，要核对准确，不能有误，对所记事实，一般不加评论

5.3.2　写作模板

_____（事由）大事记

_____。

（前言：时限较长的大事记，要有前言，用来说明编写的目的和意义，编写的体例、时限等问题）

_____。

（具体内容，按时间顺序依次排列）

_____。

（后记：时限较长的大事记，要有后记，用来说明材料的真实性和使用、处理等有关情况）

5.3.3　写作范本

 **范本1**

争创××地区双城经济圈建设示范市大事记

20××年×月×日，×××主持召开××会议，作出推动××地区双城经济圈建设的重大战略决策。×月×日，省委召开常委会（扩大）会议，研究推动××地区双城经济圈建设工作；×月×日，推动××地区双城经济圈建设××党政联席会议举行第一次视频会议，部署共同落实××地区双城经济圈建设重点工作，（略）。

中央、省委作出的一系列部署，为××带来撤地设市之后的又一次大发展机遇。

今年以来，××抢抓战略机遇，认真贯彻落实中央、省委决策部署，在推动××地区双城经济圈建设中担当作为，加强战略协同、规划衔接、政策沟通，不断深化××、××全方位、深层次合作，把战略机遇切实转化为发展优势。我市各地各部门与××、××方面积极开展对接，推进各项工作，通过共同努力，××地区双城经济圈建设起步扎实、开局良好、进展顺利。我市唱好"双城记"，建好"经济圈"，在工作机制、平台建设、产业、交通、医疗、旅游等方面步伐矫健。

1月6日　××市委×届×次全会暨市委经济工作会议召开，全会深入学习领会中央财经委员会第×次会议精神，明确提出争创××地区双城经济圈建设示范城市，推动中央决策部署在××落地落实。

1月19日　智汇××·××地区双城经济圈建设"××怎么干"研讨会举行，来自国家部委和××、××有关方面的领导和专家学者齐聚××，共同探讨××地区双城经济圈建设××怎么干。

1月22日　省政府批复同意设立××合作××园区，实行现行省级开发区政策。××园区成为××专门关于××合作设立的第一个省级园区，从××和××合作的平台升级为××省和××市合作的基地和工业平台。

3月26日　××市副市长、市政协副主席×××带队到××，深入××职业技术学院、××大学××医院、市政务服务中心、××学院调研××两地公共服务领域共建共享情况。

3月30日　市经济信息化局到××市经信委对接双城经济圈××合作工作，提出健全××产业合作工作机制、完善××产业发展规划、共建产业园、产业链上下游嵌入式发展、加强科技教育和产业金融合作等方面的合作建议，双方就合作事项达成一致。

3月31日　市人民政府办公室印发《赴××对接××地区双城经济圈建设工作方案》，促进各区市县人民政府、园区管委会和市级相关部门积极主动赴××对接，推动××融入××地区双城经济圈建设。

4月

（略）。

5月

（略）。

6月

（略）。

7月

（略）。

 **范本2**

20××年××市作家协会大事记

1月：××省作家协会正式公布20××年度新会员名单，我市20位作者榜上有名。

2月至4月：市作家协会发出"抗击疫情，××作家不缺位"的倡议，各级作协会员、文学爱好者积极响应，共创作抗疫诗歌1800余首，报告文学、散文、小说200余篇，并有多位作家获各级抗疫先进表彰、多篇作品获各级抗疫优秀作品奖励。

5月："××"杯全国微型小说征文评奖揭晓，共有19篇作品分获一、二、三等奖及优秀奖，其中我市三位作家获奖。

　　5月：××国家矿山公园爱漫文旅小镇获批为××省作家协会、××市作家协会创作基地。

　　5月：市作协与《××晚报》联办"××××"栏目，旨在推荐文学佳作，打造文学品牌。

　　7月：由市文联主编、市作协组织作家参加撰写的《××××》一书结集发行。

　　8月：××市作协副主席×××，被聘为××省作家协会首届签约专业作家。

　　8月："20××作家进校园暨《××××》××赠书会"在××校区举行。

　　9月：市作家协会和××文化工作室联合打造的"××作家书屋"正式开门迎接读者。

　　9月：由市工商联、市作家协会联合开展的《××××传》（第二卷）采写工作正式启动。

　　10月：我市两位××籍作家×××、×××加入中国作家协会。

　　10月：××市作家协会第×届×次会员代表大会召开，会议选举产生了××市作协新一届主席团和理事会，×××当选为主席。

　　11月："××"杯全国微型小说征文大赛颁奖暨优秀作品集首发式在××市举行，相关领导、嘉宾及获奖作者近200人出席。

　　11月：××小小说集《××××》研讨会在市作协会议室举行，市文联领导、省内外部分作家、评论家代表30余人出席研讨会。

　　12月："××作家进校园文学讲座"在××市××中学举行，市作家协会主席×××应邀做了《××××》的专题讲座。

　　12月：由××市作协和××市作协联合主办的"×××作品集《××××》研讨会"在××市××学校举行，近30名作家、评论家出席。

　　12月：市作家协会组织部分作家参加《××抗疫故事》一书的相关编写工作。

　　12月：市文联开展"××××"系列讲座活动，市作家协会主席×××应邀在××学院做了《××××》专题讲座。

　　12月：市作协部分作家应邀出席××市举办的"××××文学采风"

活动。

12月：市作协主席×××、副主席兼秘书长×××应邀出席××区作家协会20××年工作年会。

12月：市作协20××年度发展新会员44名。

12月：本年度，我市出版了个人文学作品专著10余部，包括小说集、散文集、诗歌集、故事集、评论集等，成果显著。

12月：全年编发"××文学"公众号140余期，推荐文学佳作，传递文学信息，营造文学氛围。

 范本3

××省造纸行业协会×月大事记

4月1日，××省造纸行业协会×××秘书长参加由××省社会组织管理局召开的××专项行动座谈会暨××活动，抵制非法社会组织，净化社会组织发展环境。

4月11日，××省造纸行业协会×××常务副会长参加××政府在××市举办的第×届××专场招商会，并在会上作《××××》主题报告。

4月16日，××省造纸行业协会×××秘书长参加××××工作会议。协会副会长单位××集团有限公司×××董事长也作为委员参加了本次会议。

4月19日～4月23日，××省造纸行业协会×××常务副会长参加由××和××在××共同举办的为期×天的××××领军人才培训班。

4月28日～4月29日，××省造纸行业协会×××会长参加由中国造纸协会在××市举办的"中国造纸协会第×届理事会第×次会议（扩大）"和"20××中国纸浆高层峰会"。

4月14日及30日，××省造纸行业协会先后参加××省工业和信息化厅节能处和消费品工业处召开的碳达峰实施方案座谈会，就造纸行业发展现状和趋势、碳达峰的政策及碳达峰调研方案等情况进行交流。

4月，××省造纸行业协会走访了××市××纸品有限公司、××保健品有限公司、××实业有限公司、××纸业有限公司、××纸业有限公司、××造纸集团有限公司、××省造纸研究所及××环保包装有限公司8家会员单位，并接待了××机械有限公司、××环保设备有限公司、××股份有限公司、××集团股份有限公司及××信息科技有限公司等企业的来访。

5.4　计划的写作

5.4.1　写作常识

5.4.1.1　计划的概念

计划是机关、团体、企事业单位对一定时期的工作预先作出安排时使用的一种文体。简而言之，计划是行动的先导，是工作之前用文字形式拟订的工作内容和步骤，其目的是为了事先心中有数，减少盲目性。

5.4.1.2　计划的特点

计划具有表5-13所示的特点。

表5-13　计划的特点

序号	特点	具体说明
1	预见性	不是对已经形成的事实和状况的描述，而是在行动之前对行动的任务、目标、方法、措施所做出的预见性确认；以上级指示为指导，以本单位实际条件为基础，以过去的成绩和问题为依据
2	可行性	在对实际情况的客观把握基础上，目标要求有实现的可能性，不可过高或过低，防止挫伤积极性或保守
3	针对性	就是说，计划是根据单位的实际情况和要求制订出来的，并在实施过程中有可能根据变化了的情况对计划进行局部修改
4	约束性	计划、方案虽不是法规，但一旦通过了，各方都要照着去做

5.4.1.3　计划的分类

计划的种类有很多，我们可以按不同的标准进行分类，主要分类标准有计划的重要性、时间界限、内容的明确性等。依据这些分类标准对计划进行划分，所得到的计划类型并不是相互独立的，而是密切联系的。

（1）按计划的重要性划分。根据计划的重要程度，可将计划分为如表5-14所示的两种。

表5-14　计划按其重要性分类

序号	类型	具体说明
1	战略计划	应用于整体组织的、为组织设立总体目标和寻求组织在环境中的地位的计划称为战略计划；战略计划趋向于包含持久的时间间隔，通常为五年甚至更长，它覆盖较宽的领域或不规定具体的细节；战略计划的一个重要任务是设立目标
2	作业计划	规定总体目标如何实现的细节的计划称为作业计划；作业计划假定目标已经存在，只是提供实现目标的方法

（2）按计划的时间界限划分。按时间界限的不同，可将计划分为如表5-15所示的两种。

表5-15　计划按其时间界限分类

序号	类型	具体说明
1	长期计划	描述了组织在较长时期（通常五年以上）的发展方向和方针，规定了组织的各个部门在较长时期内从事某种活动应达到的目标和要求，绘制了组织长期发展的蓝图
2	短期计划	具体规定了组织的各个部门在目前到未来的各个较短的时期阶段，特别是最近的时段中，应该从事何种活动，以及从事该活动应达到何种要求，为各组织成员的行动提供了依据

（3）按计划内容的明确性划分。根据计划内容的明确性指标，可将计划分为如表5-16所示的两种。

表5-16　计划按其内容的明确性分类

序号	类型	具体说明
1	具体性计划	具有明确规定的目标。比如，企业销售部经理为了使销售额在未来6个月内增长15%，他会制定明确的程序、预算方案以及日程进度表，这便是具体性计划

续表

序号	类型	具体说明
2	指导性计划	只规定某些一般的方针和行动原则，给予行动者较大自由处置权。该计划仅指出重点但不会把行动者限定在具体的目标上或特定的行动方案上。比如，一个增加销售额的具体计划可能规定未来6个月内销售额要增加15%，而指导性计划则可能只规定未来6个月内销售额要增加12% ～ 16%。相对于指导性计划而言，具体性计划虽然更易于执行、考核及控制，但缺乏灵活性，它要求的明确性和可预见性条件往往很难满足

5.4.1.4 计划的结构

计划主要由标题、正文、落款3部分组成，如表5-17所示。

表5-17 计划的组成

序号	组成	具体说明
1	标题	标题主要有以下5种形式 （1）由"单位名称+时间期限+内容范围+文种"组成，如《××大学20××年度教学改革计划》 （2）由"时间期限+内容范围+文种"组成，如《20××年度教学改革计划》 （3）由"单位名称+内容范围+文种"组成，如《××大学教学改革计划》 （4）由"单位名称+时间期限+文种"组成，如《××大学20××年度计划》 （5）由"内容范围+文种"组成，如《业务考核计划》 如果计划尚未定稿，应在标题之后加括号写上"草稿""征求意见稿""草案""初稿"或"讨论稿"等
2	正文	正文由以下4部分组成 （1）指导思想和基本情况——为何做。计划的前言，主要说明为什么制订这份计划和制订计划的根据，即回答"为什么做"的问题。计划的根据是指上级文件或指示精神、整体或较长期计划的要求、做好所计划工作的重要意义、本单位的实际情况和工作需要等。前言还包括计划的总任务、工作情况的分析、承上启下过度等，这部分内容可详可略，一般单位例行工作则略述，申报重要工作计划应详述 （2）任务和目标——做什么。即计划所要达到的目标，它回答"做什么"的问题，是计划的灵魂。任何计划都必须写清楚任务和要求，要做到目标明确，还必须对总体目标（总任务）进行必要的分解，分解为具体目标、要求，形成一个目标体系

续表

序号	组成	具体说明
2	正文	（3）措施和步骤——怎么做何时做。措施是为完成任务而采取的具体办法、步骤，是实施计划的程序和时间安排。措施包括达到既定目标需要什么手段、动员哪些力量、创造什么条件、排除哪些困难以及人员分工等，要写得具体明确、切实可行 （4）其他事项。包括应注意的问题，检查、评比、修改计划的办法等
3	落款	若标题已写明单位名称，则结尾可省去单位名称

5.4.1.5　计划的写作要求

计划的写作要求如表5-18所示。

表5-18　计划的写作要求

序号	写作要求	具体说明
1	要从实际出发，量力而行	制订计划要有实事求是的精神和科学的态度，要正确处理好可行性与科学性的关系。所确定的目标任务、措施办法应合乎本单位、本部门的实际，提出的指标是经过努力可以实现的，措施办法是切实可行的。要做到这些，制订计划前一定要做好充分的调查研究，多方面了解情况；坚持走群众路线，广泛征求基层和群众意见，发扬团队精神，集思广益，增强计划的可行性；坚持自下而上、自上而下相结合的工作方法，增强计划的科学性
2	要突出重点，主次分明	一段时间或一个时期要做的事情、要完成的任务、要实现的目标很多，中心工作是什么、重点任务是什么，先做什么、后做什么，必须有一个全面清醒的认识和周密的考虑。在制订计划时，要做到主次分明、轻重清楚、有先有后、有条不紊，否则，主次不分、轻重倒置，就会影响计划的顺利执行和目标的最终实现
3	表达要力求具体、明确	计划的目标要明确，措施要具体，步骤要清楚，这样才能有利于计划执行者明确工作的方向，也有利于计划的实施和督促检查。计划在写作时，一般不过多议论，不叙述过程，多用概述、说明等表达方式

5.4.2　写作模板

（单位名称、试用时间、指向事务）计划

　　为了_____（制订计划的背景、目的），

根据_____（制订计划的根据、指导思想等），
现安排如下。

一、_____
_____。
（列出准备开展的工作、任务）

二、_____
_____。
（列出步骤，提出方法、措施、要求）

_____
_____。
（此结尾处，提出希望、号召，展望前景，规定执行要求等）

_____（发文机关、印章）
_____（制定日期）

5.4.3 写作范本

 **范本 1**

××市政府20××年立法工作计划

××市政府20××年立法工作重点是：加强"四个中心"建设，提高"四个服务"水平，立足新发展阶段、贯彻新发展理念、构建新发展格局、推动高质量发展，提高超大城市治理水平，保障和改善民生，维护××安全稳定等方面的立法项目。

××市政府20××年立法工作计划共安排立法项目46项，其中，力争完成项目共24项，包括地方性法规草案14项，政府规章10项；适时提出项目22项，包括地方性法规草案11项，政府规章11项。具体项目安排如下。

一、力争完成项目（24项）

（略）。

二、适时提出项目（22项）

（略）。

此外，对于有关部门正在研究但未列入立法工作计划的项目，由有关部门继续研究论证，市司法局加强工作指导。

 范本2

深入推进××地区提升发展行动计划（2021～2025年）

实施××地区优化提升行动计划是市委市政府的重要战略部署，是回应区域居民最关心、最直接、最现实问题的重要惠民举措，也是探索提升大型社区治理能力和水平的生动实践。经过三年攻坚克难，××地区公共服务提升、交通治理和市政基础设施完善三大攻坚工程和大型居住区治理示范全面推进，民生发展短板不断补充，"××××"大型社区治理经验内涵不断丰富，区域发展活力和动力不断增强，为进一步提升发展奠定了坚实基础。

着眼于融入新发展格局、推动高质量发展，为更好满足×××地区居民美好生活期待，在巩固××地区治理成效的基础上，乘势而上、再接再厉，精准发力、善作善成，全面落实××市"十四五"国民经济和社会发展规划纲要，编制实施街区控制性详细规划，完善超大型居住区城市功能修补更新，推动基层治理体系和治理能力现代化，特编制本行动计划。实施范围包括××区××街道、××街道、××街道、××街道和××镇，实施期限为2021年至2025年。

一、总体思路

（略）。

二、重点任务

（略）。

三、保障措施

（略）。

×××市人民政府办公厅

20××年×月×日

 范本3

20××年度安全管理工作计划

一、指导思想

××以宣传贯彻《中华人民共和国安全生产法》和《中共中央国务院关于推进安全生产领域改革发展的意见》为主线，紧紧围绕"责任市政、民生市政、生态市政、智慧市政、共享市政"的工作理念，结合20××年"安全在我心中"系列活动方案，围绕构建安全风险分级管控和隐患排查治理双重预防机制，强化落实企业安全生产主体责任，加大科技投入，推进安全管控平台建设，逐步建立责任明确、制度完备、流程规范、管理到位、全员参与的安全管理体系。

二、安全工作目标

（一）安全生产事故为零。

（二）消防器材完好率为100%。

（三）全厂职工安全教育覆盖率为100%。

（四）安全生产管理人员的培训合格率为100%。

（五）工作场所危害因素达标率为100%。

（六）对相关方进行安全技术交底、教育、告知。

（七）事故隐患排查整改合格率为100%。

（八）100%完成上级单位各类工作指示。

（九）特种作业人员持证上岗率为100%。

三、具体工作安排

（略）。

××有限公司

20××年×月×日

5.5　总结的写作

5.5.1　写作常识

5.5.1.1　总结的概念

总结是国家机关、社会团体、企事业单位等通过对过去一阶段工作的回顾和分析评价，判明得失利弊，提高理性认识，用以指导今后工作的一种常用文书。

5.5.1.2　总结的特点

总结具有表5-19所示的特点。

表5-19　总结的特点

序号	特点	具体说明
1	理论性	总结所包含的内容应能提高认识、发扬成绩、吸取教训，更好地指导今后的实践活动
2	客观性	以客观事实为依据，不允许虚构和编造，要实事求是，有一说一，有二说二
3	独特性	总结应该具有个性及独特性，即使是个人的总结也应年年不同。首先，形势不同；其次，对象不同；第三，内容不同。因此，总结要写出其独特性，而不要成为千篇一律的套话

5.5.1.3 总结的分类

按不同的分类标准，总结可分为不同的种类，如表5-20所示。

表5-20 总结的分类

序号	分类角度	具体分类
1	按性质划分	可以将总结分为综合总结和专题总结两种 （1）综合总结又称全面总结，它是对某一时期各项工作的全面回顾和检查，进而总结经验与教训 （2）专题总结是对某项工作或某方面问题进行专项总结，多以总结推广成功经验为主。总结也有各种别称，如自查性质的评估及汇报、回顾、小结等都具总结的性质
2	按内容划分	可以将总结分为工作总结、生产总结、学习总结、教学总结、会议总结等
3	按范围划分	可以将总结分为全国性总结、地区性总结、部门性总结、本单位总结、班组总结等
4	按时间划分	可以将总结分为月总结、季总结、年度总结、阶段性总结等

5.5.1.4 总结的结构

总结主要由标题、正文和落款3部分组成，如表5-21所示。

表5-21 总结的组成

序号	组成	具体说明
1	标题	标题主要有以下3种形式 （1）陈述式标题：即一般公文式标题，由"单位名称+时间+事由+文种"构成，如《××学院××年招生工作总结》，如果单位名称署于文末或标题下，时间概念也较明确，标题中就不再重复，如《招生工作总结》 （2）论断式标题：由正、副两个标题组成，正标题概括总结的内容或基本观点，副标题标明单位名称、内容范围、时间和文种 （3）概括式标题：根据内容概括出题目，类似一般文章标题的写法，如《抓好两个"发挥"深化农村教育综合改革》
2	正文	正文主要由前言、主体、结束语3部分构成 （1）前言：一般介绍工作背景、基本概况等，也可交代总结主旨并作出基本评价，开头力求简洁、开宗明义。主要有以下4种类型 ——概述式，即概述介绍基本情况，简要交代工作背景、时间、地点和条件等 ——提问式，即提出问题，点明总结的重点，引起人们注意

序号	组成	具体说明
2	正文	——结论式，即先明确提出总结结论，使读者了解经验教训的核心所在的一种方式 ——对比式，即将前后情况进行对比，从而突出成绩 （2）主体：应包括主要工作内容、成绩及评价、经验和体会、问题或教训等。这些内容是总结的核心部分，可按照纵式或横式结构形式撰写。所谓纵式结构，即按主体内容纵向所做的工作、方法、成绩、经验、教训等逐层展开；所谓横式结构即按照材料的逻辑关系将其分成若干部分，标序加题，逐一写来 （3）结束语：作为结束语可以归纳呼应主题、指出努力方向、提出改进意见或表示决心信心等语作结，要求简短精练。结尾通常有以下3种写法 ——对全文作一高度概括性的总评 ——号召式 ——指出存在的问题，提出今后的努力方向
3	落款	（1）落款即在正文的右下方写上单位名称，注明成文日期，如果在标题中已有单位名称的，也可以不再署名仅写明日期即可 （2）如是报纸杂志或简报刊用的交流经验的专题总结，应在标题下方居中署名

5.5.1.5　总结的写作要求

总结的写作要求如表5-22所示。

表5-22　总结的写作要求

序号	写作要求	具体说明
1	要有实事求是的态度	工作总结中，常常出现两种倾向：一种是好大喜功，搞浮夸，只讲成绩，不谈问题；另一种是将总结写成了"检讨书"，把工作说成一无是处。这两种都不是实事求是的态度。总结的特点之一"回顾的理论性"，正是反映在如实地、一分为二地分析、评价自己的工作上，对成绩，不要夸大，对问题，不要轻描淡写
2	要写得有理论价值	一方面，要抓主要矛盾，无论谈成绩或谈存在问题，都不要面面俱到；另一方面，对主要矛盾要进行深入细致的分析，谈成绩要写清怎么做的、为什么这样做、效果如何、经验是什么，谈存在问题，要写清是什么问题、为什么会出现这种问题、其性质是什么、教训是什么。这样的总结，才能对前一段的工作有所反思，并由感性认识上升到理性认识
3	要用第一人称	即要从本单位、本部门的角度来撰写，表达方式以叙述、议论为主，说明为辅，可以夹叙夹议

相关链接

工作总结与调查报告的异同

调查报告与工作总结的共同点是：都必须反映事物的基本面貌和发展过程，概括出规律性的东西，指导今后的实践；都必须运用典型材料说明观点，具有较强的客观性、针对性和指导性；都使用叙议结合的表达方式，叙述的要求和方法也相同。主要区别如下。

1. 内容不同

调查报告往往专题性较强，强调突出重点，回答并解决一两个实际问题；而工作总结要求从全局出发，回顾过去，总结经验教训，找出差距，分析原因，提出改进措施，内容比较全面、系统。

2. 范围不同

调查报告应用范围广，可以涉及现状、历史，反映社会现实，主要在于摸清情况、介绍经验、披露问题；总结只限于反映本单位、本部门已完成的工作、任务及其经验教训，着眼于指导自身今后的实践活动。

3. 写作时限不同

调查报告不受具体的工作进程和时间的限制，可根据需要进行调查写作；总结则受工作进程和时间的限制，一般都是在工作、任务告一段落或全部完成之后写作。

4. 使用人称不同

调查报告往往是上级机关或有关方面在选点进行调查研究的基础上写成的，一般用第三人称；总结大都是本单位、本部门人员写的，一般用第一人称。

5.5.2 写作模板

_____（单位名称、时限、主要内容）总结

_____

（简明扼要地写明工作依据、指导思想、工作内容概况）。现将有关情况总结如下。

一、_____
_____。（工作的进展情况、取得的成绩）
二、_____
_____。（存在的问题）
三、_____
_____。（经验教训）

_____（单位名称）

_____（日期）

5.5.3　写作范本

 范本 1

××镇便民服务中心工作总结

20××年××镇便民服务中心工作在镇党委、政府的正确领导和上级有关部门的大力支持下，始终坚持全心全意为人民服务的工作宗旨，逐步建立健全各项规章制度，完善相关办事程序，为构建和谐康乐，促进我镇经济快速发展提供了有力保障。××镇在便民服务中心运行以来，始终秉承"权为民所用、事为民所办、心为民所系、利为民所谋"的原则服务群众。我镇将继续加大便民服务中心建设力度，切切实实为人民群众办好事、办实事。现将我镇便民服务中心工作总结如下。

一、健全机制，落实责任

××镇成立了便民服务中心领导小组，组长由镇长×××担任，副组长由副书记×××担任，便民服务中心设主任1名，另设窗口工作人员，整合计生、司法、综合受理、国土、劳动保障等部门，构建统一行政审批和社会保障服务平台，方便群众办事。

二、创新思路，突出重点

我镇实行便民服务中心与镇政务公开一体化，线上与线下相结合，实现线下一次办好，线上"零跑腿"。线上线下互相补充、互相监督、互相促进。在便民服务推进过程中，根据镇情，我镇将"突出重点、创新形式、规范程序"作为便民服务中心工作的三项重点工作来抓，提高了全镇便民服务水平。

三、工作规范，措施完善

首先是根据我镇实际情况，便民服务中心采取"满员到岗"与"轮流值岗"相结合。"满员到岗"即：每周一到周五，所有窗口单位的工作人员准时满员到岗。"轮流值岗"即：非工作日，便民服务中心轮流安排一至二名工作人员值班以维持便民服务站的日常接待、接件、咨询等工作。

其次是镇村联动，完善便民服务措施。为提高办事效率、提升服务质量，××镇便民服务中心采取"电子智能化办理"服务模式，群众按照规范自主操作就可完成业务办理；另外在辖区18个行政村下设村级便民服务中心，让群众在家门口就可以完成相关业务的咨询、办理，并且服务点必须全程满足群众的便民服务需求，不收取任何费用。

××镇便民服务中心

20××年×月×日

 范本2

"守护舌尖安全，高质量推动农产品质量安全县创建工作"上半年工作总结

为全面贯彻落实《××市农业农村局关于印发"守护舌尖安全"农产品质量安全专项行动实施方案》通知要求，营造良好的社会舆论氛围，从源头保障农业生产和农产品质量安全，保障农产品质量安全县创建成果，我局召开动员会，统一思想，制定工作方案，现将半年来农产品质量安全整治工作情况总结汇报如下。

一、强化组织领导，全面落实责任

（略）。

二、落实属地管理责任，推进农业标准化建设

（略）。

三、落实完善基层监管、执法、检测联动机制

（略）。

四、强化农药质量安全监管

（略）。

五、全面试行食用农产品合格证制度

（略）。

六、存在问题及困难

生产主体开具食用农产品合格证缺乏市场监督环节，真正实施起来进度缓慢。

七、下一步工作措施

进一步加强农资监管，严厉取缔、查处无证经营农药者，并依法查处各类违法经营案件；对农业生产基地加强巡查，严查禁限用农药使用，发现问题处理问题；督导巡查生产主体合格证开具情况，加强农业生产基地人员培训，提高农业基地生产水平；加强宣传，提高散户老百姓安全意识，鼓励散户开具食用农产品合格证，并加强农药使用指导、服务工作，提高农药、化肥安全使用水平。

坚持农产品质量安全县水平标准，是一项长期的保证民生健康的基础性工作，下一步我们将更加努力，多措并举，确保我县农产品质量安全水平再提升。

××县农业农村局

20××年×月×日

 范本 3

××管理处20××年工作总结

20××年，在区委、区政府的坚强领导下，××管理处紧盯"防疫、

接诉即办、垃圾分类"三项关键事与"5A、马首、160周年"三个突出点，奋力开拓高质量发展新局面，现将工作报告如下。

一、20××年工作总结

受疫情影响，截至×月×日，来园游客同比下降65.5%，门票收入同比下降68.68%，虽然因疫情原因来园游客和经济效益有所下降，但党建工作、疫情防控、文保利用、文化传播、环境提升与宣传辐射等方面都取得了可喜的成绩。

（一）疫情防控扎实有力。始终将游客安全与职工安全放在首位。一是严格控票、控人，实行预约购票，坚持入园体温必检、口罩必戴，健康码、身份证必查，实现职工"零发生"、游客"零感染"、环境"零传播"；二是管好人员聚集，坚持1米线、全面消杀，举手牌疏导人流，电子屏、横幅、广播等提示防控要求，2辆隔离车随时待命；三是园外防疫，迅速响应"双联系、双报到"机制，到××路等13个社区值守3994人次，获得好评，12名青年组成尖刀班冲到封闭社区最前线，24小时提供保障。

（二）遗址保护全面深化。（略）。

（三）文物利用成效显著。（略）。

（四）文化品牌积厚成势。（略）。

（五）宣传辐射增势强劲。（略）。

（六）服务管理提档升级。（略）。

（七）党建纪检从严从实。（略）。

二、存在的问题

首先是××门推进困难，市文物局每次专家会都是新专家，意见难以有共识，会上又回到了报国家局前的建与不建的讨论，如市局不采取措施，很难一致；其次是国家对××期望大，近年来流散文物回归越来越多、级别越来越高，亟须建设符合文物收藏保管、陈列展览标准的博物馆。

三、20××年工作思路与计划安排

20××年，管理处计划常态化抓好疫情防控的同时，在以下5个方面持续发力。

（一）以遗址保护为基石。（略）。

（二）以文物保护为抓手。（略）。

（三）以传承文化为重点。（略）。

（四）以游客满意为目标。（略）。

（五）发挥党建引领作用。（略）。

××区××管理处

20××年×月×日

5.6　章程的写作

5.6.1　写作常识

5.6.1.1　章程的概念

章程是政党、社会团体对本组织的性质、宗旨、任务等内部事务和活动的规则，或企事业单位对其业务性质、活动制度和行为规范等分别作出明文规定的文种。

5.6.1.2　章程的特点

章程具有表5-23所示的特点。

表5-23　章程的特点

序号	特点	具体说明
1	共识性	章程反映了一个组织全体成员共同的理想、愿望、意志，体现了全体成员的共同利益，必须在全体成员达成共识的基础上才能建立起来，因此章程的制定和修改必须经过充分讨论，并且要在代表大会上表决通过，没有达成共识、多数人抱有质疑态度的内容，不能写进章程中去
2	稳定性	章程一经规定，就具有长期的稳定性，不能朝令夕改。一个成熟的章程，应该实行数年、十数年、甚至数十年而不过时，当然，随着时代的发展，对章程作一些补充和修改也是必要的，但这些修改必须经充分讨论和表决通过，而且只作局部调整，不作大面积改动
3	准则性	章程具有约束力，是这个组织所有成员的思想准则和行动规范，每个成员都应该遵章办事

5.6.1.3 章程的分类

章程可分为表5-24所示的3类。

表5-24 章程的分类

序号	类型	具体说明
1	组织章程	用于制定团体组织的组织准则和成员行为规范的组织章程最为常见，这类章程具体规定组织的性质、宗旨、任务、组织原则、机构设置、任务职责、成员资格、权利、义务、纪律、经费来源使用等，如《中国共产党章程》《中国作家协会章程》等
2	规范章程	用于制定某项活动的准则或某些事项的治理依据的规范章程也用得较多，主要用以明确标准做法、具体原则要求，或确定某项活动的宗旨、程序、安排、要求等，如《少年儿童业余体育学校章程》《×××奖学金章程》等
3	企业章程	主要用于规范合资企业的经济活动、管理活动的企业章程，随着中外合资企业、内资联营企业的增多，也逐渐较多地使用。国内独资企业（包括国有、集体和个体），一般不制定这类章程。章程还可用来制定国内企业的工作规程，如《中国人民保险公司章程》

5.6.1.4 章程的结构

章程的结构由标题、总则、分则和附则构成，如表5-25所示。

表5-25 章程的组成

序号	组成	具体说明
1	标题	由"组织、活动、事项、单位或团体的全称+文种"构成，有的还在标题下面注明此章程通过的时间和会议名称
2	总则	一般来说，组织章程总则部分要准确、简明、庄重地阐明该组织的名称、性质、宗旨、任务、指导思想和组织本身建设的要求等内容。总则是章程的纲领，对全文起统率作用 （1）有些党派团体的章程采用"序条式"写法，将总则部分作为总纲，不分章条而独立于分则各章之前，如《中国共产党章程》《中国共产主义青年团章程》等 （2）企业章程兼有组织章程与业务章程的性质，所以，总则部分一般要写明企业名称、宗旨、经济性质、隶属关系、业务范围等 （3）业务章程总则部分一般要写明业务内容、范围、服务对象、办理机构等

续表

序号	组成	具体说明
3	分则	（1）组织章程分则部分一般需写明以下内容 ——组织人员：参加条件、参加手续和程序、承担义务和享受的权利、对成员的纪律规定等 ——组织机构：领导机构、常务机构和办事机构的设置、规模、产生方式和程序、任期、职责、相互关系等 ——组织经费：来源和管理方式 ——组织活动：内容和方式 ——其他事宜：视不同组织、团体的需要而确定 （2）企业章程分则部分主要需写明资本、组织、人事管理、资产管理、利润分配等内容 （3）业务章程分则部分需逐条写明该项业务的办理及运作程序的规定等
4	附则	附则是主体部分的补充，主要说明解释权、修订权、实施要求、生效日期，以及本章程与其他法规、规章的关系及其他未尽事项等，对于组织章程还需说明办事机构地址或对下属组织的要求等内容，而企业、业务章程则一般写公布施行与修改补充等问题，也有的章程不写附则内容，如党章、共青团章程等

5.6.1.5　章程的写作要求

章程的写作要求如表5-26所示。

表5-26　章程的写作要求

序号	写作要求	具体说明
1	使用要规范	章程使用较为广泛，但具体使用必须规范。一般说来，章程主要用于制定组织准则。用来制定单位某方面的规范时，如果其内容比较单一，而时效又比较短，则应该用其他规范性文件行文。即使是用来制定组织规程，也要履行规范的程序，必须先以草案形式发到会员手中征求意见，在此基础上再经本组织最高级会议（如会员大会、会员代表大会）审议通过。在使用过程中，不能只由少数人草拟，匆匆公布施行。如果是合资企业的章程，则必须在充分协商，条款内容经过反复讨论，成熟后才使用，一般先由合资各方以签署"意向书""会谈纪要"的形式发布，再经各方深入细致的磋商，取得共识，且经有关部门审核后，才在"意向书"或"协议书"的基础上以章程的形式成文。因为章程是合资企业的最高行为准则，未经充分协商或条件不成熟的，都不宜成文
2	结构要严谨	章程结构要合乎规范写法，格式规范、结构严谨的章程有助于维护其严肃性

续表

序号	写作要求	具体说明
3	条款要简短单一	章程，除一些大型团体组织规程内容比较丰富，条款可以相对长些外，一般条款要写得简短些。最常见的毛病是在写作组织宗旨、任务时，一般性的内容多大段列入，显得文字烦冗。若一般性原则写得过多，指导性、操作性又较差，更不便于记忆。只有每条内容表述一个完整独立的意思，才便于执行。此外，还要注意对团体组织及其成员意愿的准确把握
4	要注意章程与简章的区别	简章，通常是对某项工作、某一事项的办理原则、要求、方式、方法做出规定的文书，内容只是有针对性地说明某一工作或事项的办事程序，在性质上更接近于"规定"和"办法"，如《××市市级机关招收公务人员简章》《××大学招生简章》等，而章程在适用范围上和写法上均不同

5.6.2　写作模板

_____（组织、团体、企业名称）章程

第一章　总则

_____

_____

_____。

（分条阐明该组织或团体的性质、宗旨、任务等，有的应交代其名称、指导思想和组织要求等内容，以体现其总纲的作用）

第二章　××

_____

_____

_____。

（以下数章为分则，分别阐述章程的具体内容）

第×章　附则

_____

_____

_____。

（分条阐述包括章程的制定者、解释权、修订权、生效日期及其要求等内容）

5.6.3　写作范本

 范本 1

××师范大学章程

序言

××师范大学的前身是19××年成立的××省立师范专科学校。19××年经政务院批准，在原××省立师范专科学校的基础上成立××师范学院。19××年××师范学院与××师范学院（19××年成立）合并，成立××师范大学。19××年划归教育部管理。20××年被确定为国家"211工程"重点建设的高等学校。20××年被确定为国家"世界一流学科"建设高校。

××师范大学（以下简称"学校"）以"崇真务实、开放包容、勇于创新、追求卓越"为办学理念，以建成教师教育为主要特色的综合性研究型大学、力争建设特色鲜明世界一流大学为办学目标，坚持立德树人，弘扬"扎根西部、甘于奉献、追求卓越、教育报国"的西部红烛精神，培养引领教育发展的卓越教师和教育家，培养具有社会责任感、创新精神和实践能力的优秀人才，培养德智体美劳全面发展的社会主义建设者和接班人。

第一章　总则

第一条　为建立现代大学制度，完善学校治理结构，规范办学行为，维护学术自由，保障师生员工合法权益，实现学校办学目标，依据《中华人民共和国教育法》《中华人民共和国高等教育法》以及《高等学校章程制定暂行办法》《高等学校学术委员会规程》等法律、法规和规章，制定本章程。

第二条　学校中文名称为××师范大学，简称"××师大"或"×师大"；英文名称为×××××××，简称××。

学校法定地址为××省××市××区××路××号，设有××、××两个校区。××校区位于××省××市××区××路××号，××校区位于××省××市××区××街××号。

学校是由国家举办的非营利性教育事业单位，由国务院教育行政部门主管。

学校的设立、分立、合并以及终止，需经国务院教育行政部门批准。

第三条 学校具有独立法人资格，依法享有办学自主权。校长为学校的法定代表人。

第四条 学校坚持党的全面领导，坚持社会主义办学方向，全面贯彻党和国家的教育方针，以人才培养、科学研究、社会服务、文化传承创新和国际交流合作为基本职能，实施高等教育，不断拓展继续教育，积极开展中外合作办学。

学校的高等教育包括学历教育和非学历教育，采用全日制和非全日制两种教育形式。其中全日制学历教育是学校的主要教育形式。学历教育以本科生和研究生教育为主。

学校根据实际需要依照国家法律和有关规定，确定和调整教育修业年限。

第五条 学校根据国家需要和办学实际，依法设置和调整学科、专业，根据国家核定的标准，保持适度的办学规模。

学校的学科专业设置涵盖人文艺术、社会科学、自然科学、工程、医学等领域的学科门类。

第六条 学校依法颁发学业证书和学位证书。

学校依法授予学士、硕士、博士学位。

学校可以依法向为社会发展和人类文明进步做出突出贡献的杰出人士授予名誉博士学位或其他荣誉称号。

第二章 学生

（略）。

第三章 教职工

（略）。

第四章　管理体制组织机构

（略）。

第五章　教学科研机构

（略）。

第六章　财务＆资产后勤

（略）。

第七章　学校＆社会

（略）。

第八章　学校标识

（略）。

第九章　附则

第八十三条　本章程的制定经教职工代表大会讨论，由校长办公会议审议、学校党委常委会审定后，报国务院教育行政部门核准。

第八十四条　章程的修改，须经学校教职工代表大会不少于50名的代表联名提议，或由校长办公会议提议，按章程制定程序进行，以章程修正案方式体现。

第八十五条　学校其他规章应依据本章程制定、修改，不得与本章程相抵触。

第八十六条　本章程由学校党委会负责解释。

第八十七条　本章程经核准自发布之日起生效实施。

 范本2

××股份有限公司章程

第一章　总则

第一条　为维护公司、股东和债权人的合法权益，规范公司的组织和行为，根据《中华人民共和国公司法》（以下简称《公司法》）《中华人民共和国证券法》(以下简称《证券法》)和其他有关规定,制定本章程。

第二条 ××股份有限公司(以下简称"公司")系依照《公司法》和其他有关规定成立的股份有限公司。

公司经××省人民政府×函[20××]×号文《省人民政府关于同意设立××股份有限公司的批复》批准,以发起方式设立;在××省工商行政管理局注册登记,取得企业法人营业执照,营业执照号为×××××××。

第三条 公司于20××年×月×日经中国证监会证监发字[20××]×号文核准,首次向社会公众发行人民币普通股××××万股,并于20××年×月×日在××证券交易所上市。

第四条 公司注册名称××股份有限公司。

英文全称:×××××××

第五条 公司住所:××省××市××镇。

邮政编码:××××××

第六条 公司注册资本为人民币××××万元。

第七条 公司为永久存续的股份有限公司。

第八条 董事长为公司的法定代表人。

第九条 公司全部资产分为等额股份,股东以其认购的股份为限对公司承担责任,公司以其全部资产对公司的债务承担责任。

第十条 本公司章程自生效之日起,即成为规范公司的组织与行为、公司与股东、股东与股东之间权利义务关系的具有法律约束力的文件,对公司、股东、董事、监事、高级管理人员具有法律约束力的文件。依据本章程,股东可以起诉股东,股东可以起诉公司董事、监事、总经理和其他高级管理人员,股东可以起诉公司,公司可以起诉股东、董事、监事、总经理和其他高级管理人员。

第十一条 本章程所称其他高级管理人员是指公司的副总经理、董事会秘书、财务负责人。

第二章 经营宗旨和范围

(略)。

第三章 股份

(略)。

第四章　股东和股东大会

（略）。

第五章　董事会

（略）。

第六章　总经理及其他高级管理人员

（略）。

第七章　监事会

（略）。

第八章　财务会计制度、利润分配和审计

（略）。

第九章　通知和公告

（略）。

第十章　合并、分立、增资、减资、解散和清算

（略）。

第十一章　修改章程

（略）。

第十二章　附则

第二百条　释义。

（一）控股股东，是指其持有的股份占公司股本总额百分之五十以上的股东；持有股份的比例虽然不足百分之五十，但依其持有的股份所享有的表决权已足以对股东大会的决议产生重大影响的股东。

（二）实际控制人，是指虽不是公司的股东，但通过投资关系、协议或者其他安排，能够实际支配公司行为的人。

（三）关联关系，是指公司控股股东、实际控制人、董事、监事、高级管理人员与其直接或者间接控制的企业之间的关系，以及可能导致公司利益转移的其他关系。但是，国家控股的企业之间不仅因为同受国家控股而具有关联关系。

第二百零一条　董事会可依照章程的规定，制定章程细则。章程细则不得与章程的规定相抵触。

第二百零二条　本章程未尽事宜，公司依照有关法律、行政法规、部

门规章和其他规范性文件，以及公司的股东大会决议或其他相关规则制度的规定执行；本章程如与有关法律、行政法规的规定相抵触时，依照该等法律、行政法规的规定执行。

第二百零三条　本章程以中文书写，其他任何语种或不同版本的章程与本章程有歧义时，以在××省工商行政管理局最近一次核准登记后的中文版章程为准。

第二百零四条　本章程所称"以上""以内""以下"，都含本数；"以外""低于""多于"不含本数。

第二百零五条　本章程由公司董事会负责解释。

第二百零六条　本章程附件包括股东大会议事规则、董事会议事规则和监事会议事规则。

 范本3

××市××区文化馆章程

序言

××区文化馆是从事公共文化服务的公益事业单位。承担上级单位交办的大型文化活动、演出的策划以及具体承办等工作；指导全区群众文化工作，繁荣群众文化事业，开展群众文艺创作、群众文化工作理论研究，负责免费开展各类文化艺术培训，开展社会教育；指导群众业余文艺团队建设，建立健全群众文化艺术档案；指导协调并推动全区非物质文化遗产保护工作；负责收集、整理、研究非物质文化遗产，开展非物质文化遗产的普查、展示、宣传活动，指导传承人开展传习活动；指导镇街综合文化中心、村、社区综合文化室，承担文化志愿者的服务和管理相关工作。

第一章　总则

第一条　根据《事业单位登记管理暂行条例》《公共文化服务保障法》

《群众艺术馆文化馆管理办法》等国家有关法律法规、规章和规范性文件，结合本单位实际，制定本章程。

第二条　单位名称：××市××区文化馆。单位住所：××市××区××路××号。

第三条　举办单位：××市××区文化和旅游局。登记机关：中国共产党××市××区机关编制委员会办公室。

第四条　单位宗旨和业务范围：组织群众文化活动，繁荣群众文化事业；文化宣传，文艺活动组织，相关培训；指导群众文化管理研究，文化交流；大众科普资料编辑；民族民间文化艺术遗产收集整理与保护。

第二章　权利和义务

（略）。

第三章　党的建设

（略）。

第四章　组织机构

（略）。

第五章　议事规则和决策程序

（略）。

第六章　财务资产管理制度

（略）。

第七章　人事管理制度

（略）。

第八章　信息公开

（略）。

第九章　章程修改条件和程序

（略）。

第十章　终止程序和剩余财产处理方式

（略）。

第十一章　章程解释权和生效日期

第五十七条　本章程由××文化馆负责解释和修订。

第五十八条　章程自登记机关核准之日起生效。

5.7　条例的写作

5.7.1　写作常识

5.7.1.1　条例的概念

条例是国家权力机关或行政机关依照政策和法令而制定并发布的，针对政治、经济、文化等各个领域内的某些具体事项而作出的，比较全面系统、具有长期执行效力的法规性公文。

《行政法规制定程序条例》第五条规定，行政法规的名称一般称"条例"，也可以称"规定""办法"等。国务院根据全国人民代表大会及其常务委员会的授权决定制定的行政法规，称"暂行条例"或者"暂行规定"。国务院各部门和地方人民政府制定的规章不得称"条例"。

5.7.1.2　条例的特点

条例具有表5-27所示的特点。

表5-27　条例的特点

序号	特点	具体说明
1	权威性	条例的制定者，是国家权力机关或行政机关，因此具有权威性，条例一经颁布，受文者必须执行
2	稳定性	条例是为保证某个领域的工作顺利开展而制定的，是较长期实行的行为准则，在一定时期相对稳定

5.7.1.3　条例的分类

条例按不同的分类标准，可分为不同的类型，具体如表5-28所示。

5.7.1.4　条例的结构

条例一般由标题、通过的时间等、正文3部分组成，如表5-29所示。

实用公文写作与经典范例

表5-28 条例的分类

序号	分类标准	具体说明
1	按管辖的权限划分	可以分为直接颁发性条例和批准颁发性条例
2	按内容划分	可分为事项性条例和规定机关、团体的组织、职权的条例

表5-29 条例的组成

序号	组成	具体说明
1	标题	一般由"制文机关＋事由＋文种"构成，如《中华人民共和国科学技术进步奖励条例》，也可以省略制文机关，以"事由＋文种"构成，如《公共场所卫生管理条例》
2	通过的时间等	通常在条例的标题下用括号括注条例通过的时间、会议和公布的日期、施行的日期等
3	正文	正文有两种写法 （1）章条式：第一章为总则，说明颁布制定此条例的目的、依据等；最后一章为附则，申明条例的解释权、生效日期等；中间各章为分则，写条例的具体条款 （2）条款式：第一章写制定条例的目的、依据，接着写条例的具体内容，最后一条或几条说明条例的解释权和生效日期等

5.7.1.5 条例的写作要求

条例的写作要求如表5-30所示。

表5-30 条例的写作要求

序号	写作要求	具体说明
1	制定的合法性	依据党规国法及自身权限，不能违背、超越，不能随意为之
2	执行的政策性	在执行时能体现政策，明确规定什么准许、什么不准许，并写明违反的惩处
3	内容的可行性	条款要能实行，切忌虚张声势、空言威吓而不能实施实行，所以，规定要具体，界限要清楚，前后不能矛盾，要体现出针对性、有效性、可行性
4	解释的单一性	用词准确，不能产生歧义，不能作不同解释
5	文字的简明性	语言简练，条理清楚，意思浅显，一目了然

5.7.2　写作模板

_____（事由）条例

（_____年____月____日第____届人民代表大会常务委员会第____次会议通过）

第一章　总则

_____

_____。

（分条阐明制定条例的目的和根据，以及其他原则事项）

第二章　××

_____

_____。

（以下数章为分则，分别阐述条例的具体内容）

第×章　附则

_____

_____。

（实施说明）

5.7.3　写作范本

范本 1

××省特种设备安全条例

（20××年×月×日××省第×届人民代表大会常务委员会
第×次会议通过）

第一章　总则

第一条　为了加强特种设备安全工作，预防和减少特种设备事故，保障人身和财产安全，促进经济社会发展，根据《中华人民共和国特种设备安全法》等法律、行政法规，结合本省实际，制定本条例。

第二条　本省行政区域内特种设备的生产（包括设计、制造、安装、改造、修理）、经营、使用、检验、检测和特种设备安全的监督管理，适用本条例。

本条例所称特种设备，是指国务院批准的特种设备目录确定的对人身和财产安全有较大危险的设备、设施，包括锅炉、压力容器（含气瓶）、压力管道、电梯、起重机械、客运索道、大型游乐设施、场（厂）内专用机动车辆等。

第三条　特种设备安全工作应当坚持安全第一、预防为主、节能环保、综合治理的原则。

第四条　县级以上地方人民政府应当加强对特种设备安全工作的领导，督促和支持特种设备安全监督管理部门依法履行职责，保障特种设备安全监督管理经费，及时协调解决特种设备安全监督管理中的重大问题，并将特种设备安全纳入年度安全生产工作目标。

第五条　县级以上地方人民政府特种设备安全监督管理部门负责本行政区域内特种设备的安全监督管理工作。

发展改革、公安、应急管理、住房城乡建设、文化和旅游等部门按照各自职责，做好特种设备的安全监督管理工作。

乡镇人民政府、街道办事处、园区管委会应当配合、协助做好特种设备的安全监督管理相关工作。

第六条　特种设备生产、经营、使用单位是特种设备的安全责任主体，对其生产、经营、使用的特种设备安全负责。

第二章　一般安全规定

（略）。

第三章　特别安全规定

（略）。

第四章　监督管理

（略）。

第五章　法律责任

（略）。

第六章　附则

第四十九条　本条例自20××年×月×日起施行。20××年×月×日××省第×届人民代表大会常务委员会第×次会议通过的《××省特种设备安全监察条例》同时废止。

范本2

××市城乡污水处理条例

（20××年×月×日××市第×届人民代表大会常务委员会第×次会议通过，20××年×月×日××省第×届人民代表大会常务委员会第×次会议批准）

第一章　总则

第一条　为了加强对城乡污水处理的管理，保障污水集中处理设施安全运行，防治水污染，实现水洁净，保护水生态，推进生态文明建设，促进经济社会可持续发展，根据《中华人民共和国水污染防治法》《城镇排水与污水处理条例》等法律法规，结合××市实际，制定本条例。

第二条　本市辖区内城乡污水处理的规划，城镇污水和农村生活污水集中处理设施及配套管网的建设、运营、维护、监督管理等活动，适用本条例。

污水收集相关排水活动依照相关法律法规的规定执行。

第三条　污水处理应当遵循尊重自然、科学规划、配套建设、保障安全、综合利用、城乡统筹的原则。

第四条　市、县级人民政府负责辖区内城乡污水处理工作，应当将污水处理工作纳入国民经济和社会发展规划、城乡规划，通过财政预算和其他渠道筹集资金，统筹安排建设城乡污水集中处理设施及配套管网，提高污水收集、处理和再生利用率。

乡镇人民政府负责辖区内污水处理设施及配套管网的建设、运营维护等工作的组织管理，监督污水处理设施运营维护单位的污水处理工作，指导、督促村民委员会开展农村生活污水处理工作。

河湖长分级分段领导辖区内污水处理工作，监督相关部门履行职责，统筹协调解决污水处理中的重大问题。

第五条　市、县级人民政府住房城乡建设主管部门是污水处理主管部门（以下称污水处理主管部门），负责辖区内城乡污水处理工作的指导和监督管理。

市、县级人民政府发展改革、财政、国土资源、环境保护、规划、水务、农业、城市管理行政执法、审计、公安等有关部门依照本条例和其他有关法律法规的规定，在各自职责范围内共同做好城乡污水处理监督管理相关工作。

第六条　鼓励采取特许经营、政府购买服务等多种形式，吸引社会资金参与投资、建设和运营排水与污水处理设施。

鼓励、支持污水处理科学技术研究，推广应用先进适用的技术、工艺、设备和材料，促进污水的再生利用和污泥的资源化利用，提高污水处理能力。

第七条　市、县级人民政府污水处理主管部门和其他负有污水处理监督管理职责的部门，应当依法公开污水处理信息，完善公众参与程序，为公民、法人和其他组织参与和监督污水处理提供便利。

任何单位和个人有保护污水集中处理设施及配套管网的义务，并对危及污水集中处理设施及配套管网安全的行为，有权向污水处理主管部门或者环境保护、城市管理行政执法、水务等部门进行举报。

市、县级人民政府对在污水处理工作中做出显著成绩的单位和个人给予表彰和奖励。

第二章　规划与建设

（略）。

第三章　运营与维护

（略）。

第四章　监督管理

（略）。

第五章　法律责任

（略）。

第六章　附则

第四十条　本条例所称农村生活污水，是指农村居民在生活中产生的污水，以及在农村区域内提供餐饮、住宿等服务经营实体产生的污水，不包括工业废水和养殖业废水。

第四十一条　××经济技术开发区、××旅游文化景区、××合作示范区××物流商贸园区、××合作示范区××生态文化旅游园区等开发区（园区）区域范围内的污水处理活动，适用本条例。

第四十二条　本条例自20××年×月×日起施行。

5.8　规定的写作

5.8.1　写作常识

5.8.1.1　规定的概念

规定是国家机关及其部门和企事业单位对有关事项做出政策性限定的法规性公文。企事业单位使用的规定主要用于制定内部的规章。

5.8.1.2　规定的特点

规定具有表5-31所示的特点。

表5-31　规定的特点

序号	特点	具体说明
1	广泛性	规定是使用比较广泛的文种，国家机关可以使用，基层单位也可以使用。可以用于制定较长期的规范，也可以用于对阶段性工作做出限定；可对重大事项做出规定，也可以用于一般性的内容；可以就某些事项做出全面的规定时使用，也可以对某些事项的某一点做出规定时使用，还可以在对某些条文作解释、补充时使用

续表

序号	特点	具体说明
2	灵活性	规定的制发比较灵活方便,有时可用文件形式直接发布,也可以像其他法规性公文那样,作为附件,用发文通知发布,而且由于它的使用呈多样化,规范对象可大可小,时效、篇幅可长可短,使用者层级可高可低,因而制发受限制较少
3	限定性	规定的制约和依据作用,主要表现在它用限定行为规范、制定办事准则及规范界限,对活动开展、事项管理、问题处置做出规定,因而其限定性比较强。在法规性公文中,它属于限制性法规文件,即多为解决"应该如何"和"不应该如何"的界限问题,特别是一些禁止性、限制性"规定",其限定性特点尤为突出

5.8.1.3 规定的分类

规定适应面广,各级各类单位都可以使用。按其行文目的及规范内容分,主要有表5-32所示的4种类型。

表5-32 规定的分类

序号	类型	具体说明
1	政策性规定	这类规定主要用以规定一些政策规范,依照有关法律法规条文,制定有关的准则和政策,作为开展某项活动、某项工作的主要办事依据,其依据性与政策性较强,如《广东省国家建设征用土地拆除城镇华侨房屋的规定》,其政策性和约束力都较强
2	管理性规定	这类规定主要用于制定某方面工作的管理规则,在一定范围内提出管理要求、禁止事项,以达到加强某些工作管理,规范活动和行为及限制某些不规范、不合理、不正常行为的目的,如《关于实行专业技术职务聘任制度的规定》,这类规定都有较强的管理性
3	实施性规定	规定也可以作为实施法规的文种而使用,其用法近似"实施办法",如《关于贯彻〈中华人民共和国药品管理法〉的有关暂行规定》,这类规定是和实施原件配套使用的,其功能和实施办法、实施细则相同
4	补充性规定	有些法规性文件内容不够具体,贯彻执行有一定困难,有时在贯彻执行过程中会出现一些问题或新的情况,就用"规定"做出一些补充,如《关于高级专家退休问题的补充规定》是对《高级专家离退休若干问题的暂行规定》的某些条款的补充,这类规定要加以控制,最好有了成熟的意见,直接对原件进行修改,以免行文泛滥

5.8.1.4 规定的结构

规定的结构包括标题、正文、落款3部分,如表5-33所示。

表5-33 规定的组成

序号	组成	具体说明
1	标题	规定的标题有3种常见的写法 （1）由"发文机关+规范内容+文种"构成，规范内容用介词结构"关于……的"来表述，如《国务院关于行政区划管理的规定》 （2）由"规范范围+规范内容+文种"构成，如《广东省城镇园林绿化管理规定》 （3）在"规定"前加某些修饰语，如《公安部关于城镇暂住人口管理的暂行规定》《关于对赞助广告加强管理的几项规定》
2	正文	规定正文一般由因由、规范、说明三部分组成，不同类型的规定，其内容构成及具体写法也不尽相同，如下 （1）政策性规定：政策性规定着重于界限划分、明确范围、提出要求和惩处情况，解决"应当怎样"和"不应怎样"的问题 （2）管理性规定：管理性规定侧重于规定管理原则、管理职责、质量标准、措施、办法、管理范围及要求 （3）实施性规定：实施性规定，其写法和实施办法、实施细则大体类似，它侧重于对实施文件的有关事项做出规定，对原件条款做出解释，提出具体的实施意见 （4）补充性规定：补充性规定主要就原件中某些提法不够明确、不够具体的方面加以明确，加以补充或解释，以便实施 以上各类规定，因由和说明部分写法相似：因由部分一般说明制定依据，说明部分附带说明制定权、解释权和施行日期
3	落款	落款可在正文的右下方标识制发机关名称和日期，也可在标题下用括号标明通过的会议名称和时间

5.8.1.5 规定的写作要求

规定的写作要求如表5-34所示。

表5-34 规定的写作要求

序号	写作要求	具体说明
1	正确使用规定，避免滥用错用	规定的使用比较广泛，但在具体使用中还是有一定的限制的。一般说来，凡用来制定一些单方面的规定性、政策性强的有关条款，都可以用"规定"，但必须注意它是侧重于规定性、制止性及政策性方面的。此外，对具体工作来说，有些临时性、阶段性的工作，则应用"通知"行文，有些局部性的、业务性强的，则应用"规则""制度"一类文种行文
2	写法灵活规范	规定的写作，在结构安排上，篇幅较长的将整篇分若干章，再分条表述，篇幅不长的只分条表述，依次排列制定因由、规范条款和说明事项，这类写法最常用；而"补充规定"，则一般无须分章、分条列出，也不求完整系统，只根据需要，有多少项就说多少项；有的规定还加前言，略摆情况，简述理由，申明意义。规定的写作，切忌反复论证及具体陈述

5.8.2　写作模板

_____（规范内容）规定

_____

_____。

（制定本规定的目的、依据或缘由，起到承上启下的作用）特制定如下规定。

_____

_____。

（分条行文，写明规定的具体内容）

_____

_____。

（主要说明实施要求、解释权属、实施日期以及其他事项等）

_____（制发机关）

_____（制发日期）

5.8.3　写作范本

未成年人学校保护规定

（20××年×月×日教育部第×次部务会议审议通过）

第一章　总则

第一条　为了落实学校保护职责，保障未成年人合法权益，促进未成年人德智体美劳全面发展、健康成长，根据《中华人民共和国教育法》《中华人民共和国未成年人保护法》等法律法规，制定本规定。

第二条　普通中小学、中等职业学校（以下简称学校）对本校未成年人（以下统称学生）在校学习、生活期间合法权益的保护，适用本规定。

第三条　学校应当全面贯彻国家教育方针，落实立德树人根本任务，弘扬社会主义核心价值观，依法办学、依法治校，履行学生权益保护法定职责，健全保护制度，完善保护机制。

第四条　学校学生保护工作应当坚持最有利于未成年人的原则，注重保护和教育相结合，适应学生身心健康发展的规律和特点；关心爱护每个学生，尊重学生权利，听取学生意见。

第五条　教育行政部门应当落实工作职责，会同有关部门健全学校学生保护的支持措施、服务体系，加强对学校学生保护工作的支持、指导、监督和评价。

第二章　一般保护

（略）。

第三章　专项保护

（略）。

第四章　管理要求

（略）。

第五章　保护机制

（略）。

第六章　支持与监督

（略）。

第七章　责任与处理

（略）。

第八章　附则

第六十二条　幼儿园、特殊教育学校应当根据未成年人身心特点，依据本规定有针对性地加强在园、在校未成年人合法权益的保护，并参照本规定、结合实际建立保护制度。

幼儿园、特殊教育学校及其教职工违反保护职责，侵害在园、在校未成年人合法权益的，应当适用本规定从重处理。

第六十三条　本规定自20××年×月×日起施行。

 范本2

××市献血管理规定

（20××年×月×日市政府第×届×次常务会议通过）

第一章　总则

第一条　为保证医疗临床用血需要和安全，保障献血者和用血者的身体健康，发扬人道主义精神，促进社会主义物质文明、精神文明和社会文明建设，根据《中华人民共和国献血法》《××省实施〈中华人民共和国献血法〉办法》等法律、法规、规章，结合本市实际，制定本规定。

第二条　在本市行政区域内献血、采血、供血、医疗临床用血及其相关管理适用本规定。

第三条　本市依法实行无偿献血制度。

提倡18周岁至55周岁的健康公民自愿献血。既往无献血反应、符合健康检查要求的多次献血者主动要求再次献血的，年龄可延长至60周岁。

鼓励适龄健康者每年至少参与1次献血。鼓励国家工作人员、医务人员、教师、现役军人和高等学校在校学生等率先献血。

第四条　市、区人民政府领导本行政区域内的献血工作，对献血工作进行监督、考核、通报，将献血工作纳入卫生事业发展规划，组织制定献血工作规划，加强献血站（点）建设，配备与献血工作相适应的人员、设施、设备和耗材，建立应急献血队伍，保障献血工作经费。

市人民政府无偿献血工作委员会负责制定年度献血工作目标，逐级下达执行。区人民政府无偿献血工作委员会根据年度献血工作目标，制定献血工作实施方案。

市、区人民政府无偿献血工作委员会组织、协调、督促本行政区域内有关部门、单位共同做好献血工作，组织开展献血法律、法规、规章的教育宣传，普及血液和献血科学知识。

市、区人民政府无偿献血工作委员会办公室（以下简称献血办）负责献血的日常工作。

镇人民政府、街道办事处领导本行政区域内的献血工作，负责落实本行政区域内献血的日常工作。

（略）。

第二章 组织管理与宣传

（略）。

第三章 献血和采供血管理

（略）。

第四章 用血管理

（略）。

第五章 激励与优待

（略）。

第六章 监督管理与法律责任

（略）。

第七章 附则

第四十条 本规定施行前在本市无偿献血，本人或者其配偶、直系亲属需要临床用血的，依照本规定执行。

第四十一条 本规定自20××年×月×日起施行。

 范本3

××中学差旅费报销管理规定

参照××市××局×财行[20××]××号关于《××市市直机关和事业单位差旅费管理办法》文件精神，结合学校的规章制度，制定以下规定。

第一条 教职工外出学习或受邀请到外地参加会议，应提供经部门或科组、体系负责人核准，最后经主管副校长、校长批准的会议通知或邀请函，同时登录学校网址×××××填写"项目立项及资金使用申请审批表"，财务凭此依据为其预订机票、办理后续费用报销等手续。

第二条　差旅费开支范围包括城市间交通费、住宿费、伙食补助费和公杂费。

　　第三条　出差人员要按照规定等级乘坐交通工具，凭据报销城市间交通费。未按规定等级乘坐交通工具的，超支部分自理。

　　出差人员乘坐交通工具的等级标准：（略）。

　　第四条　乘坐火车，从当日晚8时至次日晨7时乘车6小时以上的，或连续乘车超过12小时的，可购同席卧铺票。

　　第五条　往返机场、火车站、码头的交通费和航空旅客人身意外伤害保险费（限每人每次一份），凭据报销。

　　第六条　出差人员住宿一般在三星级以下（含三星）。住宿标准：处级人员住单间，科级以下人员两人住一个标准间。处级人员每人每天××元、处级以下人员每人每天××元凭据限额报销。

　　第七条　出差人员的伙食补助费按出差天数实行定额包干，包干标准每人每天××元。出差人员由接待单位统一安排伙食的，不实行包干办法。每人每天在规定包干标准内凭接待单位收据据实报销。

　　第八条　出差人员的公杂费实行定额包干，用于补助市内交通、文印传真、长途固话等支出。按出差天数每人每天××元。

　　第九条　外出参加会议，会议统一安排食宿的，会议期间的住宿费、伙食补助费和公杂费由会议主办单位按"会议费"规定统一开支，在途期间的住宿费、伙食补助费和公杂费按照差旅费规定报销。

　　第十条　会议不统一安排食宿的，会议期间和在途期间的住宿费、伙食补助费和公杂费均按照差旅费规定报销。

　　第十一条　会议通知没有明确食宿自理的，一律按统一安排食宿的规定报销差旅费。

　　第十二条　学校司机驾驶汽车出差的，按一般工作人员的差旅费规定执行。在市区内行车的，不发放伙食补助和公杂费，符合误餐费有关规定的，可按早餐每餐××元、午餐和晚餐每餐××元的标准领取误餐费。

　　第十三条　学校老师到市外单位援教工作，在途期间的城市间交通费、住宿费、伙食补助费和公杂费按照差旅费开支规定执行。在市外单位工作期间，由学校按每人每天××元的标准发放伙食补助费，不报销住宿费和公杂费。

第十四条 援藏、援疆老师的生活待遇按照×办发[20××]×号文和×办发[20××]×号文的规定执行。

第十五条 经学校法人批准，参加国家和省市党政机关、工青妇团委举办的各种培训班、进修班、业务学习班（不包括学历学位教育），在市区内学习的，学习期间学校不发放任何补助费；到市区以外地方学习的，报销本人学习期间学校至学习地往返一次的城市间交通费，根据进修班、学习班主办单位实际收费情况在规定等级标准内凭据报销住宿费，学习期间伙食费自理。培训时间一个月（含一个月，按自然月计算）以内的，每人每天补助××元；学习培训在一个月以上的，每人每天补助××元。

第十六条 学校老师因调动工作所发生的城市间交通费、住宿费、伙食补助费和公杂费，按出差的有关规定执行，由学校给予报销。学校老师调动工作，一般不得乘坐飞机。

第十七条 学校老师因调动工作所发生的行李、家具等托运费，在不超过××公斤的范围内凭据报销（其中，生活急需的物品，在××公斤范围内可托运快件），超过部分自理，行李、家具等包装费用，由个人自理。

第十八条 与调入人员同住的家属（父母、配偶、未满16周岁的子女和必须赡养的家属），如果随同调动，其城市间交通费、住宿费、伙食补助费和公杂费，以及行李、家具托运费等，由学校按被调动人员的标准报销。

第十九条 教职工出差或调动工作期间，事先经学校领导批准就近回家省亲办事的，其绕道交通费，扣除出差直线单程交通费，多开支的部分由个人自理。绕道和在家期间不予报销住宿费、伙食补助费和公杂费。

第二十条 教职工出差期间，因游览或非工作需要的参观而开支的费用，均由个人自理。

第二十一条 本规定自发文之日起实行。

××中学

20××年×月×日

5.9　规则的写作

5.9.1　写作常识

5.9.1.1　规则的概念

规则是行政机关、社会团体、企事业单位为了有序地开展工作或确保某项活动有序地进行等而制定的人们必须共同遵守的一种规范性文书。

规则适用于对一定范围内的某一具体管理工作进行程序规范和行为规范，以保证该项工作的正常进行。如《游泳规则》，是为加强游泳池管理工作而制定的，凡游泳者都必须遵守有关规定；又如《交通规则》，是为加强交通管理，保证交通安全而面向社会制定的，行人、车辆行驶要遵守这些规则，管理人员要以这些规则为依据进行交通管理。

5.9.1.2　规则的特点

规则具有表5-35所示的特点。

表5-35　规则的特点

序号	特点	具体说明
1	针对性	规则的制发具有很强的针对性，它是依据有关法律、法规的规定，针对某项管理工作或某项公务活动而制定的操作规定，其内容必须合法，不能有任何随意性
2	可操作性	规则的规范事项必须周密、精细、具体，可以直接付诸实施，不需要再订出实施细则来保证其贯彻执行

5.9.1.3　规则的结构

规则由标题、制发时间、正文3部分组成，如表5-36所示。

5.9.1.4　规则的写作要求

规则的写作要求如表5-37所示。

表5-36 规则的组成

序号	组成	具体说明
1	标题	标题主要有两种形式 （1）由"主要内容＋文种"构成，如《仓库防火安全管理规则》 （2）由"制发机关＋主要内容＋文种"构成，如《××市人民政府工作规则》
2	制发时间	写在标题之下，有的用括号注明规则通过的年、月、日与会议名称；有的注明批准、公布的年、月、日和机关；有的写明公布的年、月、日和机关；也有的在正文之后落款制发机关和日期
3	正文	正文是规则的核心内容，撰写时应当首先用一个自然段说明制定规则的目的、应当遵循的总方针以及适用范围，以便给人以总体认识，然后分别提出对各类问题的处置要求，包括应遵循的方法、措施、注意事项以及奖惩等项内容 在具体的结构形式上，可以采取条款式、序言加条款和章断条连式三种形式 （1）条款式结构用于内容比较简单的规则，通常是在第一条主要写明制定规则的缘由和目的，而后依照内容的主次，逐条将应当遵守的规范事项列出 （2）序言加条款式的写法是在规则的条款之前先用一段文字说明制定规则的缘由和目的，并用"为了……，制定本规则"或"为此，特制定以下规则"之类的固定语提领具体的规则条款 （3）章断条连式的写法一般用于内容复杂、层次较多的规则，其写法与其他相关的规章制度类公文完全相同

表5-37 规则的写作要求

序号	写作要求	具体说明
1	要注意体现针对性	规则是对某一特定事项的规范性要求，是该项工作或活动的准则，因此，在写作时必须注意讲求针对性，要全面考虑各种可能的情况，力求做到周密详尽、责任明确、是非清楚、赏罚分明，真正做到有章可循
2	要注意把握内容表达的先后顺序	撰写规则，其条款应当直接涉及管理范围内的特定对象，条文内应当先说规范、后提要求，先倡导、后禁止，做到内容明确、要求具体，便于理解和执行
3	要区分规则与守则在写法上的差异	规则与守则虽然有一定的相似之处，但在内容要求、条款安排以及语言运用方面都有比较明显的不同 （1）从内容上看，守则内容着重倡导、引导、教育有关人员遵守一定的行为、品德和规范，一般不写对违反者的处理；而规则既要写有一定约束力的规定和规范，同时还要写明对违背者的处理意见的要求

续表

序号	写作要求	具体说明
3	要区分规则与守则在写法上的差异	（2）在条文安排上，守则一般按从原则到具体、从一般到特殊、从主要到次要的顺序安排条文，其篇幅短、条文少；规则则一般按从原则到具体，依照工作程序从前到后，从直接到间接的次序安排条文，其篇幅视内容可长可短，条文多少不等 （3）在语言运用上，守则多使用倡导与禁止相结合的对比的祈使句，使语气更为缓和，易于被接受；规则多从正面作出规定，既用祈使句，也使用陈述性的说明句，说明该怎么做

5.9.2 写作模板

_____（主要内容）规则

（_____批准_____年____月____日发布）

_____
_____
_____
_____。

（制定本规则的目的、应当遵循的总方针以及适用范围）为此，特制定以下规则。

_____
_____
_____。

（分条行文，写明规则的具体内容，如应遵循的方法、措施、注意事项等）

_____
_____
_____。

（主要说明实施要求、解释权属、实施日期以及其他事项等）

5.9.3　写作范本

 范本 1

××市卫生健康行政处罚裁量规则

第一章　总则

第一条　为规范××市卫生健康行政处罚裁量权，根据《中华人民共和国行政处罚法》《卫生行政处罚程序》《××市关于规范行政处罚自由裁量权的若干规定》等有关法规，结合工作实际，制定《××市卫生健康行政处罚裁量规则》（以下简称《规则》）。

第二条　本《规则》所称卫生健康行政处罚裁量权，是指市、区卫生健康行政部门在法定行政处罚权限范围内，根据立法目的和行政处罚的原则，在法律、法规的行政处罚种类和幅度内，综合考量违法行为的事实、性质、手段、后果、情节和改正措施等因素，正确、适当地确定行政处罚的种类、幅度或者作出不予行政处罚决定的选择适用权限。

第三条　本市各级卫生健康行政部门依法查处行政违法行为，决定是否给予行政处罚、给予何种行政处罚以及处罚轻重，应当适用本《规则》。

第四条　违法行为涉嫌构成犯罪的，应当按照国家有关规定移送司法机关追究刑事责任，不得以行政处罚代替刑罚。

第五条　实施行政处罚，应当以法律、法规、规章为依据。

本《规则》是卫生健康行政处罚裁量执行的指导性文件，不直接或间接作为处罚依据。

法律、法规、规章或国家卫生健康委、××市政府对行政处罚裁量权另有规定的，适用其规定。

第二章　基本规则

（略）。

第三章　从轻减轻和不予处罚的适用

（略）。

第四章　行政处罚裁量权的实施和评估

（略）。

第五章　附则

（略）。

第二十条　本《规则》及《××市卫生健康行政处罚裁量细则》由××市卫生健康委负责解释。

第二十一条　本《规则》及《××市卫生健康行政处罚裁量细则》自20××年×月×日起实施。市和区卫生健康行政部门原有的行政处罚裁量基准与本《规则》规定不一致的，以本《规则》及《××市卫生健康行政处罚裁量细则》为准。原公布的《××市卫生计生行政处罚裁量规则》（×卫监督字〔20××〕×号）及《××市卫生计生行政处罚裁量细则》同时废止。

 范本 2

××街道网上信访工作规则

为规范网上信访处置工作，提高工作效率和质量，根据国务院《信访条例》《国家信访局关于进一步规范信访事项受理办理程序引导来访人依法逐级走访的办法》和《××市信访条例》等有关法律法规规定，结合××街道网上信访工作实际，制定本规则。

一、工作职责

（一）信访处置原则

严格按照《信访条例》的有关规定，一是及时受理、及时签收本单位信件，随时登录网上信访信息系统查看信件，确保当天信件及时签收。二是针对信访内容，涉及的责任科室及时处置，及时出具回复意见。三是按期办结，严格在答复期限内办理信件，及时上传、及时办结。

（二）牵头协调科室

信访维稳工作办公室设在街道平安建设办公室，作为处置网上信访工作的牵头科室。

（三）责任科室

由综合办公室、党群工作办公室、平安建设办公室、城市管理办公室、社区建设办公室、民生保障办公室、综合行政执法队的科室负责人组成。

（略）。

二、工作程序

（略）。

三、工作要求

（略）。

 **范本3**

××市地铁车站命名规则

第一条　为规范本市地铁车站命名工作，加强地铁车站名称管理，根据国家、省、市地名管理法规，结合本市实际，制定本规则。

第二条　本市行政区域内地铁车站的命名适用本规则。

第三条　市民政部门是本市地铁车站命名工作的牵头主管部门。

市发展改革、规划和自然资源、住房和城乡建设、交通运输、文化广电旅游、城市管理综合执法等部门，各区人民政府以及地铁交通经营单位，应当按照各自职责共同做好地铁车站命名工作。

镇人民政府、街道办事处应当配合做好本辖区内的地铁车站命名工作，协助解决有关各方的分歧和矛盾。

第四条　地铁车站命名应当遵循"名地相符、指示明晰、用字规范、词语简洁"的原则，反映当地历史、文化、地理和经济特征。

第五条　地铁车站一般按照以下顺序派生命名。

（一）区片名称。

（二）标志性公共场所（建筑物）名称。

（三）道路名称。

（四）无上述名称的，由市民政部门会同地铁交通经营单位根据征求意见情况确定命名方式。

第六条　本规定所称区片，是指地铁车站所在的区域、村、镇（街道）等名称。涉及两个及以上区片的，应在综合考虑各方意见的基础上进行命名。

本规定所指标志性公共场所（建筑物），是指与地铁车站相连或相近的交通枢纽、纪念地、旅游胜地等公共活动场所（建筑物），或其名称已演变成该区域的区片名称。

本规定所指道路，一般是指与地铁车站所在线路呈横向交叉的主干道路。

第七条　两条及以上地铁线路的同一换乘车站应当使用同一名称，并以最先命名的名称为准。

第八条　地铁车站命名应当遵守下列禁止性规定。

（一）不得使用楼盘（小区）、企业字号、商标名称以及商业性建筑物（设施）名称。

（二）不得使用《通用规范汉字表》未收录的汉字和标点符号。

（三）不得与本市或与本市互联互通的地铁线网的地铁车站重名，避免同音、近音、歧义。

（四）不得采用两个及以上的区片名称或其他名称重叠命名。

（五）不得违反国家、省、市地名管理法规的其他禁止性规定。

第九条　地铁车站名称的专名以两个字或者三个字为宜，一般不应超过四个字。

第十条　经批准命名的地铁车站名称为标准名称。相关部门因地铁交通立项、规划、设计、建设等需要，对外公布、悬挂、张贴、宣传等使用的非标准名称，应当特别说明（或在醒目位置注明）为地铁车站的项目名称、规划名称或暂定名称，避免误导公众。

第十一条　地铁车站命名应进行调研论证，包括初拟名称、现场查验、征求当地政府意见、专家研究、征求社会公众意见等。

第十二条　地铁车站命名后应保持稳定，一般不应更名。确需更名的，参照地名命名相关法规充分论证后办理。

地铁车站更名应当遵循确保交通安全、方便群众出行、厉行节约等原则。

第十三条　本规定自印发之日起施行，有效期5年。

5.10 细则的写作

5.10.1 写作常识

5.10.1.1 细则的概念

细则也称实施细则，是有关机关或部门为使下级机关或人员更好地贯彻执行某一法令、条例和规定，结合实际情况，对其所做的详细的、具体的解释和补充。

5.10.1.2 细则的特点

细则具有表5-38所示的特点。

表5-38 细则的特点

序号	特点	具体说明
1	派生性	细则不是一种独立存在的法规性文书，它必须以某一法律、法规为前提，是某一法律、法规的派生物。细则作为法律、法规的派生物，只能是对原文的补充、阐释和细节化，使相关法律和法规更详尽、周密和具体，而不能超出原法律、法规的内容范围，更不能自行其是，另立法规
2	解释性	细则要对原法律、法规的重要词语、规定事项给以阐释，使其含义更明确、具体，更具有可行性，比如在原文中，重大损失是模糊概念，经细则解释后，变得清晰、明确了
3	补充性	细则还要对原文不够详尽的地方进行补充，补充之后，可大大增强规定的可行性
4	详细性	细则还有一大特点就是特别详细，这一点在文种名称中已经显现出来了

5.10.1.3 细则的分类

细则制定的依据和目的不同，决定了细则可分为实施法规细则和管理工作细则两类。实际上，管理工作细则较少，多数细则属实施法规细则。根据与所实施文件的内容关系，实施细则主要可分出表5-39所示的3种类型。

实用公文写作与经典范例

表5-39 细则的分类

序号	类型	具体说明
1	整体性实施细则	这是职能部门对立法机关或行政机关制定的有关法规做出全面的实施性说明,如《中华人民共和国居民身份证条例》经人大常委会制定通过后,经国务院批准、公安部公布的《中华人民共和国居民身份证条例实施细则》,便是对该条例的实施做出的整体性实施细则
2	部分性实施细则	这种实施细则只对某一部分条款提出实施性意见,如《国营商业、外贸企业成本管理实施细则》,是为实施国务院《国营企业成本管理条例》中有关条款而制定的,它只是对国有企业中部分条款提出实施意见
3	地方性实施细则	这是地方政府或部门结合本地区实际实施有关法规文件而制定的实施细则,省、市、县及基层单位制定的实施细则属于此类

5.10.1.4 细则的结构

细则的结构,一般由标题、发布单位及日期、正文组成,如表5-40所示。

表5-40 细则的组成

序号	组成	具体说明
1	标题	标题一般有以下两种形式 (1)由"适用地区+事由+文种"组成 (2)由"发布单位+事由+文种"组成
2	发布单位、日期	在标题之下正中,加括号标注发布日期和制发机关名称,或者批准、修订日期和机关名称,随命令、通知等颁布的细则,可不列此项
3	正文	正文的写法主要有以下两种形式 (1)章条式:这种写法适用于内容较多的细则,全文分为三大部分,分别是总则、分则、附则。总则是开头部分,主要用来说明制定细则的根据、目的、指导思想、基本原则、实施机关等,总则一般排为第一章,分若干条;分则是细则的主体部分,分若干章,每章再分若干条,分则用来对原法律、法规进行解释、补充,作出细致周密、切实可行的规定;附则是细则的结尾部分,主要用来提出执行要求 (2)条款式:这种写法不分章,直接列条,适用于内容较简单、篇幅较短的细则。根据、目的、基本原则、指导思想等内容,写入前几条;解释、补充和规定,写在中间,条款最多;执行要求写在最后

5.10.1.5 细则的写作要求

细则的写作要求如表5-41所示。

表5-41 细则的写作要求

序号	写作要求	具体说明
1	调查钻研	（1）写细则，需要对实施区域内的有关情况进行深入调查。首先要调查本地区、本单位的实际情况。大凡公布一个法规，一般针对大多数情形而制定的，对本地区本单位实施会出现什么情况、有什么特殊性和例外情况、实施起来会遇到什么问题，都要一一掌握，只有调查了解清楚了，才能制定出针对性强、有指导性的细则来 （2）写细则，还要对原件进行认真钻研，在某种意义上说，这也是一种调查。对原件的行文目的、基本规范、条文精神有一个全面的了解，对基本精神有一个很好的把握，对具体条款有比较透彻的领会，这样可以避免误差。如果对原文钻研不够，就会出现与原件内容有出入甚至相背离的情形，因此深入调查实际情况，认真钻研原文条款是写作细则的基本前提
2	完善细致	细则写作上要求细致，要做到这一点，首先要在吃透原文精神的基础上，作具体细致的条文表述，不能只对原文作一般性的转述，而要对原文作些具体的阐释，特别是和本地区本单位的实际情况密切相关的部分，必须进行详细说明，最好对重要条款进行条分缕析，对原件没有具体规定的情况加以补充，将实施过程中可能出现的有关情形加以限定。细则侧重于指导实施，只有细致完善，才能实现其行文目的
3	切实可行	（1）细则的最大特点就是指导性、实践性强。其行文目的是为组织实施提供具体的条文依据，帮助人们依照着去执行落实。条例、规定以及办法，往往是定个原则，划个范围，给个界限，而细则关系到具体的实施，必须切合实际，方便实施，不是一般性的原则规定，而是提出具体的实施意见，对原件不够明确的加以诠释，对不够具体的加以展开，对不够完善的加以补充，使细则写得切合实际，可以操作 （2）要使细则切实可行，除了要认真调查研究，摸清有关情况，科学预见实施中可能出现的情况外，还要在具体写作时避免空泛的一般性说明，侧重于对原件的具体规范加以诠释说明，特别是对职责、任务、标准、要求、程序、方法作出具体的规定，及对原件做出必不可少的补充，使之具有较强的操作性，否则，细则就会成为可有可无的摆设

5.10.2　写作模板

_____（制发单位、事由）细则

（_____年____月____日公布）

第一章　总则

_____

_____。

（制定细则的根据、目的、指导思想、基本原则、实施机关等）

第二章　×　×

_____

_____

_____。

（分章分条行文，细则的具体内容）

第×章　附则

_____

_____。

（施行要求）

5.10.3　写作范本

 **范本1**

××区20××年义务教育阶段入学工作实施细则

　　根据教育部、××市教委关于义务教育免试就近入学工作的总体部署，依据《××市教育委员会关于20××年义务教育阶段入学工作的意见》（×教基二〔20××〕×号）文件精神，为依法保障适龄儿童少年接受义务教育的权益，结合××区教育实际，经区政府批准，特制定本细则。

一、指导思想

坚持以习近平新时代中国特色社会主义思想为指导，深入贯彻党的十九大和十九届二中、三中、四中、五中全会精神，全面贯彻党的教育方针，积极落实全国和北京市教育大会精神，坚持以人民为中心发展教育，增强"四个意识"、坚定"四个自信"、做到"两个维护"，坚持稳中求进工作总基调，立足新发展阶段，贯彻新发展理念，构建新发展格局，提高"四个服务"水平，大力促进教育公平，依据相关法律法规，进一步完善义务教育入学机制，严格规范入学秩序，加强入学工作管理，扎实推进义务教育全面优质品牌化建设，继续增加优质学位供给量，引导预期，促进义务教育优质均衡发展。坚持政府统筹，坚持免试就近入学和公平、公正、公开的原则，着力完善义务教育阶段入学规则，完善本市无房家庭承租人适龄子女入学、非本市户籍适龄儿童少年入学联审制度，保持区域政策的连续性和可操作性，保障全区适龄儿童和小学毕业生接受义务教育的权益，维护社会稳定。努力让每个孩子都享有公平而有质量的教育。

二、入学条件及方式

（略）。

三、工作要求

（略）。

本细则自公布之日起施行。

附件：××区20××年义务教育阶段入学工作时间表

 范本2

××市商务局关于推动电子商务加快发展若干措施实施细则

第一章　总则

第一条　为贯彻落实《××市关于推动电子商务加快发展的若干措施》

（×府办规〔20××〕×号，以下简称《若干措施》），根据《××市商务发展专项资金管理办法》（×商务规〔20××〕×号，以下简称《管理办法》）等相关规定，进一步明确各项政策措施的适用对象、申报条件、支持标准等，确保政策公开透明、执行到位，提高资金使用效益，制定本实施细则。

第二条　本实施细则适用于《若干措施》中由市商务局牵头执行的资金政策措施，由市级财政预算安排，在××市商务发展专项资金中列支。本实施细则主要从加速发展大型电子商务平台、大力推进电子商务应用、强化跨境电子商务发展优势、搭建成熟完善的电子商务支撑服务体系四大方面对电商企业进行资助和扶持。发挥市区联动机制，优化政府服务，提升服务质量和效能，充分尊重企业的市场主体地位，服务构建新发展格局，助力建设全球重要商贸中心。

第三条　资金使用管理严格按照《管理办法》，遵循绩效优行、权责明确、标准科学、公平公开、规范管理的原则。

第二章　申报基本条件

（略）。

第三章　扶持方向和标准

（略）。

第四章　项目申报和审核流程

（略）。

第五章　项目管理

（略）。

第六章　监督检查和绩效评价

（略）。

第七章　附则

第三十三条　本实施细则由市商务局负责解释，相关法律、政策依据变化或有效期届满时，根据实际情况适时修订。

第三十四条　本实施细则自20××年×月×日起实施，有效期至20××年×月×日。

5.11 办法的写作

5.11.1 写作常识

5.11.1.1 办法的概念

办法是国家机关、社会团体、企事业单位用于对某项工作或活动的进行作出具体规定的文件，其目的明确、要求具体，具有较强的行政约束力。

5.11.1.2 办法的特点

办法具有表5-42所示的特点。

表5-42 办法的特点

序号	特点	具体说明
1	约束性	办法中要写明对某些事情的处理意见，作为人们行动的规范
2	具体性	办法中包括对执行某一事项或活动的要求，其条款应更具体，不得笼统

5.11.1.3 办法的分类

办法按其内容的不同，可分为表5-43所示的两类。

表5-43 办法的分类

序号	类型	具体说明
1	实施办法	实施办法以实施对象为成文主要依据，具有附属性，是对原件的一种具体化，或对原件整体上的实施提出措施办法，或对某些条文提出施行意见，或根据法规精神再结合本单位实际提出实施措施
2	管理办法	管理办法是各类机关单位在各自的管理权限范围内，在实际管理工作尚无条文可依的情况下制定的，这类办法没有附属性

5.11.1.4 办法的结构

办法一般由标题、发文单位、成文日期、正文和印发传达范围等5部分组成，如表5-44所示。

表5-44 办法的组成

序号	组成	具体说明
1	标题	标题一般有以下两种形式 （1）由"发文机关+主题+文种"组成 （2）由"主题+文种"组成 　如果所制定的办法是临时性的，或不太成熟，在执行一段时间后再作修改，有的还要随着事物的发展和情况的变化再修订，均应在"办法"之前加"临时""暂行""试行"等词；如果法律法规或上级机关有明确的规定，要求结合实际制定具体措施和办法的，应在"办法"前加"实施"二字，其中，全国人大及其常委会制定的法律法规授权制定具体措施和办法的，才能结合本地实际制定"实施办法"，法律未授权的，不能制定实施办法
2	发文单位	发文单位，有的是发布单位，有3种情况 （1）标题之中有发文单位名称的，标题之下不再标注发文单位 （2）标题只有公文主题和"办法"的，则应在标题之下居中加圆括号标注发文单位，既可与成文时间标注在同一行，也可在标题之下成文时间之上独立成行 （3）应当加盖公章的公文，署名应在正文之后
3	成文日期	成文日期应写明年、月、日，用全称，其标注方式也有3种情况 （1）标题有三个组成部分的，成文日期加圆括号居中标注在标题之下 （2）标题只有两个组成部分的，成文日期加圆括号居中标注在发文单位名称之下或标注在发文单位名称之右，与发文单位标注在同一行的应一起括起来 （3）应当加盖印章的公文，县级以下及基层党的机关制定的办法的成文日期，标注在正文之后的发文机关名称之下，行政机关发布的办法的成文日期直接标注在正文之后 　随命令和通知发布的办法，自身不显示制发时间和依据，但以后单独使用时，应将原命令和通知的发布时间标注于标题之下
4	正文	正文主要有3种结构形式 （1）序言（前言）、分项（条）式。序言在第一条之前，说明制定办法的主题及目的、依据、意义和作用等。序言之后，是全文的主体部分，其有两种结构形式：一是条连式，即从第一条开始，直至把内容写完；二是分项式，即分几个部分或项目，部分或项目之下分条、款，全文既可统一编写条的序数，也可分开在部分或项目之内分条，有的在最后还有专门的结尾。办法的内容撰写顺序是：先主后次；先直接方面，后间接方面 （2）章断条连式。全文由总则、分则、附则三个部分组成，章下分条、条下分款，其写作方法与其他章断条连式的法规性公文的写作方法相同

续表

序号	组成	具体说明
4	正文	（3）条连到底式（又叫条目式）。这种结构的"办法"的写作方法，与其他同类结构形式的公文的写作方法相同。第一条写公文的主题及行文的目的、依据、意义和作用等，从第二条起依次撰写"办法"的具体内容，先主后次，先从正面提出解决问题的办法，作出规定，后从反面提出解决问题的办法，作出规定，最后撰写附则的内容
5	印发传达范围	办法或实施办法不标注主送机关，只标注印发传达范围，一般标注在正文之后，在正文之后要署名或加盖印章的，印发传达范围标注成文日期的下一行

5.11.1.5　办法的写作要求

办法的写作要求如表5-45所示。

表5-45　办法的写作要求

序号	写作要求	具体说明
1	条款具体、明确	办法是针对某一方面的工作、活动而制定的具体处理方法，不管是管理办法还是实施办法，都要写得具体明确，不能含糊笼统，特别是规范项目，应对概念、范围、原则、规范、责任和施行要求做出规定，以便于操作
2	结构严谨、清晰	办法的写作，因篇幅长短、内容多少而确定结构方式。如果内容不多，则可以用分条结构，按照先叙因由，后列规范，再说明有关情况的顺序，依次编条排列；如果内容比较丰富，则将规范内容适当分章，每章再冠以章目。不论采用哪种方式，都要能较好地反映内容之间的联系，方便阅读和引用

相关链接

"办法"与"条例"的区别

1. 定义不同

（1）办法是在有关法令、条例、规章的基础上，对国家或某一地区政治、经济和社会发展的有关工作、有关事项的具体办理、实施提出切实可行的措施。

（2）条例是具有法律性质的文件，针对有关法律、法令的辅助性和阐释性，可以比较全面、系统地规定国家或某一地区政治、经济、科技等领域的某些重大事项的管理和处置。

2.领域不同

（1）办法重在发布具体的可操作性措施，它的制发者是国务院各部委、各级人民政府及所属机构。

（2）条例重在规定机关组织或工作人员的各项指标，它的制发者是国家权力机关、国家行政机关。

5.11.2　写作模板

＿＿＿＿＿＿（制发单位、事由）办法

（＿＿＿＿年＿＿月＿＿日）

第一章　总则

＿＿＿＿＿＿＿＿＿＿＿＿＿＿＿＿＿＿＿＿＿＿＿＿＿＿＿＿＿＿＿＿＿＿＿＿＿＿

＿＿＿＿＿＿＿＿＿＿＿＿＿＿＿＿＿＿＿＿＿＿＿＿＿＿＿＿＿＿＿＿＿＿＿＿＿＿

＿＿＿＿＿＿＿＿＿＿＿＿＿＿＿＿＿＿＿＿＿＿＿＿＿＿＿＿＿＿＿＿＿＿＿＿＿。

（制定办法的目的、依据、意义、适用范围、实施部门等）

第二章　××

＿＿＿＿＿＿＿＿＿＿＿＿＿＿＿＿＿＿＿＿＿＿＿＿＿＿＿＿＿＿＿＿＿＿＿＿＿＿

＿＿＿＿＿＿＿＿＿＿＿＿＿＿＿＿＿＿＿＿＿＿＿＿＿＿＿＿＿＿＿＿＿＿＿＿＿＿

＿＿＿＿＿＿＿＿＿＿＿＿＿＿＿＿＿＿＿＿＿＿＿＿＿＿＿＿＿＿＿＿＿＿＿＿＿。

（分列出具体的方法、步骤、措施、要求等，可分若干章展开）

第×章　附则

＿＿＿＿＿＿＿＿＿＿＿＿＿＿＿＿＿＿＿＿＿＿＿＿＿＿＿＿＿＿＿＿＿＿＿＿＿＿

＿＿＿＿＿＿＿＿＿＿＿＿＿＿＿＿＿＿＿＿＿＿＿＿＿＿＿＿＿＿＿＿＿＿＿＿＿＿

＿＿＿＿＿＿＿＿＿＿＿＿＿＿＿＿＿＿＿＿＿＿＿＿＿＿＿＿＿＿＿＿＿＿＿＿＿。

（写特殊规定、补充规定和生效时间）

5.11.3 写作范本

 **范本 1**

××市人民政府办公室关于印发××市城市 建筑垃圾处置管理办法的通知

各县（市、区）人民政府（管委会），市政府有关部门、单位：

《××市城市建筑垃圾处置管理办法》已经市政府同意，现印发给你们，请认真贯彻落实。

××市人民政府办公室

20××年×月×日

（此件公开发布）

××市城市建筑垃圾处置管理办法

第一章 总则

第一条 为了加强城市建筑垃圾处置管理，推进建筑垃圾综合利用，维护城市市容环境卫生，根据《中华人民共和国固体废物污染环境防治法》《国务院对确需保留的行政审批项目设定行政许可的决定》《××市城镇容貌和环境卫生管理条例》等有关法律、法规，结合本市实际，制定本办法。

第二条 本市城市规划区内建筑垃圾的产生、排放、运输、消纳、综合利用等处置活动适用本办法。

建筑垃圾中属于危险废物的，依照相关法律、法规的规定处理。

第三条 建筑垃圾处置应当遵循减量化、资源化、无害化和谁产生、谁负责的原则。

第四条　市、县（市、区）人民政府应当将建筑垃圾消纳场所建设和综合利用纳入国民经济和社会发展规划，编制建筑垃圾污染环境防治工作规划，组织建立建筑垃圾处置管理服务信息平台，并建立联席会议制度，协调处理建筑垃圾处置管理中的重大事项。

第五条　市城市管理部门负责全市建筑垃圾处置的监督管理工作；县（市、区）城市管理部门按照职责具体负责本辖区建筑垃圾处置管理工作。

住房城乡建设、交通运输、水利、农业农村部门按照各自职责，负责施工现场建筑垃圾处置的监督管理。

交通运输部门负责依法查处建筑垃圾运输车辆超限等交通违法行为。

公安机关交通管理部门负责对建筑垃圾运输车辆及其驾驶人员的交通安全管理，依法查处建筑垃圾运输车辆超速超载等交通违法行为。

发展改革、财政、自然资源规划、生态环境、应急管理、行政审批服务等部门按照各自职责，做好建筑垃圾处置管理相关工作。

第六条　任何单位和个人不得擅自倾倒、抛撒、堆放建筑垃圾，不得将危险废物、工业垃圾、生活垃圾以及其他有毒有害垃圾混入建筑垃圾，不得擅自设立弃置场所受纳建筑垃圾。

第七条　任何单位或者个人都有权对违法处置建筑垃圾的行为进行举报。

第二章　排放、运输和消纳

（略）。

第三章　监督管理与综合利用

（略）。

第四章　法律责任

（略）。

第五章　附则

第四十一条　本办法自20××年×月×日起施行。

分送：市委书记、副书记、常委，市长、副市长，各县（市、区）人民
　　　政府，各市属开发区管委会，市政府各部门、各直属事业单位，市
　　　属各大企业，各高等院校，中央、省驻×各单位，市委各部门，市

人大常委会办公室，市政协办公室，市中级人民法院，市检察院，××军分区。

××市人民政府办公室	20××年×月×日印发

 范本2

关于印发《××学校关于加强干部德的考核评价实施办法》的通知

各党工委、各党委、各直属党总支、各院系、各单位：

《××学校关于加强干部德的考核评价实施办法》已经学校党委常委会审议通过，现予印发，请遵照执行。

特此通知。

附件：××学校关于加强干部德的考核评价实施办法

中共××学校委员会

20××年×月×日

附件

××学校关于加强干部德的考核评价实施办法

第一条　为贯彻全面从严治党要求，落实德才兼备、以德为先用人标准，全面客观地考核干部的德，树立正确选人用人导向，提高选人用人公信度，根据《党政领导干部选拔任用工作条例》《关于加强对干部德的考核意见》精神，结合我校实际，制定本办法。

第二条　从建设高素质干部队伍的现实需要出发，突出德在干部标准中的优先地位和主导作用，树立以德修身、以德服众、以德领才、以德润才、德才兼备的正确导向。注重全面准确掌握干部德的表现，及时发现干部德方面存在的问题，坚决防止重才轻德、以才蔽德、以绩掩德，坚决防止"带病提拔""带病上岗"。

第三条　对干部德的考核，坚持重在平时言行，重在重要关头、关键时刻表现，注意了解掌握群众口碑。考核范围由学校党委根据需要研究决定，主要结合平时考核、年度考核、换届（任期）考察、任职考察和后备干部专题调研等一并进行。必要时可进行专项考核。

第四条　（略）。

条五条　（略）。

第六条　（略）。

第七条　（略）。

第八条　（略）。

第九条　（略）。

第十条　干部德的考核评价结果，可以适当方式向干部所在单位和干部本人反馈。

第十一条　本办法由党委组织部负责解释。

第十二条　本办法自发布之日起实施。